WORKBOOK
CONTINUING SPANISH

WORKBOOK
CONTINUING SPANISH

Second Edition

A PROJECT OF THE MODERN LANGUAGE ASSOCIATION

LAWRENCE POSTON, JR. (Coordinator)
UNIVERSITY OF OKLAHOMA

EUGENIO CHANG-RODRÍGUEZ
QUEENS COLLEGE OF THE CITY UNIVERSITY OF NEW YORK

JAMES M. FERRIGNO
UNIVERSITY OF DAYTON

D. Van Nostrand Company

New York   Cincinnati   Toronto   London   Melbourne

D. Van Nostrand Company Regional Offices:
New York Cincinnati Millbrae

D. Van Nostrand Company International Offices:
London Toronto Melbourne

Copyright © 1974 by Litton Educational Publishing, Inc.

ISBN: 0-442-23719-7

All rights reserved. No part of this work covered by the copyright
hereon may be reproduced or used in any form or by any means—graphic,
electronic, or mechanical, including photocopying, recording, taping,
or information storage and retrieval systems—without written permission of
the publisher. Manufactured in the United States of America.

Published by D. Van Nostrand Company
450 West 33rd Street, New York, N.Y. 10001

Published simultaneously in Canada by
Van Nostrand Reinhold Ltd.

10 9 8 7 6 5 4 3 2 1

PREFACE

This Workbook is intended to complement and supplement *Continuing Spanish, Second Edition*, and to provide a systematic review of the major grammar points covered in the textbook. In truth, because of the Workbook's function to supplement and to review, the textbook is not complete without it. In short, *Continuing Spanish* and the Workbook are carefully integrated to provide the student with a wealth of practice materials both in and outside of the classroom.

For the most part, the drills in the Workbook parallel those in the textbook, and, for ease of reference, they bear the same identifying number as the grammar sections in the textbook. (Chapters 18 and 19, which comprise the first two parts of a play, have no workbook exercises.) The chore of reviewing forms, however—verb forms, pronoun forms—is handled primarily in the Workbook. Consequently, while the textbook section may concentrate on the *uses* of certain moods or tenses of the verb or the uses of certain pronoun forms, the Workbook drills bearing the same number will begin with a review of these forms. Sometimes a review of forms—future and conditional tenses, command forms—is related only indirectly to material presented in the textbook. In such instances, it does not have a number but is inserted at the proper point in the Workbook with the heading *Ejercicio(s) de repaso*. Furthermore, a Workbook drill occasionally encompasses the material covered in several sections of the textbook, in which case it bears the number of the last of those sections. To do a thorough job of preparing an assignment, the student should study the grammar explanations in the textbook and practice the drills in the Workbook as well as those in the textbook.

Review is also handled principally through the Workbook. The structures presented for further practice are regularly identified as a part of the title of the review drills. The return to points studied earlier should help the student solidify his command of those structures.

All Workbook exercises are programmed and self-checking. Each begins with complete instructions in Spanish, and usually there are several models to guide the student in what he is to do. The correct answer is given immediately after the stimulus or in an answer column on the same page. The instructions usually call for the student to move down the page, covering the answer with a card until he has formulated his own reply, and then moving the card down for immediate correction and reinforcement. Used in this way the Workbook can be a most effective teaching machine. Some of the drills provide a space for writing the reply. When this is done, the directions usually suggest that the drill be practiced orally first—that is, the student says the answer to him- or herself aloud or silently—and then written. Whether or not the student writes in the answer may be optional with the instructor; the pages of the Workbook are perforated in case he or she wants students to hand in such exercises. But the instructor may prefer that students do not write in the space provided, so that they may use the drill more efficaciously to practice the material again and again.

Practice is the key to mastery of a foreign language. The student who takes full advantage of the ample supply of drills in this Workbook will develop the kind of automatic response that signifies mastery.

WORKBOOK
CONTINUING SPANISH

1

1·1 **Ejercicio A.** *Lea en alta voz primero; después, escriba. Cubra las respuestas:*

31	treinta y uno
41 años	cuarenta y un años
51 libras	cincuenta y una libras
21 capítulos	veintiún capítulos
81 centavos	ochenta y un centavos
91 butacas	noventa y una butacas
301	trescientos uno
301 kilómetros	trescientos un kilómetros
401 millas	cuatrocientas una millas
221 vacas	doscientas vientiuna vacas
587	quinientos ochenta y siete
963	novecientos sesenta y tres
751	setecientos cincuenta y uno
601	seiscientos uno
1.005 cuentos	mil cinco cuentos
1387	mil trescientos ochenta y siete
1071	mil setenta y uno
1920 libros	mil novecientos veinte libros
1964	mil novecientos sesenta y cuatro
2077 pesetas	dos mil setenta y siete pesetas
1856 botellas	mil ochocientas cincuenta y seis botellas
1569	mil quinientos sesenta y nueve
1311 firmas	mil trescientas once firmas
1265	mil doscientos sesenta y cinco
1984 empleados	mil novecientos ochenta y cuatro empleados
11.568 habitantes	once mil quinientos sesenta y ocho habitantes
13.839	trece mil ochocientos treinta y nueve
16.900 kilómetros	dieciséis mil novecientos kilómetros
30.406 toneladas	treinta mil cuatrocientas seis toneladas
60.968 vacas	sesenta mil novecientas sesenta y ocho vacas
200.001	doscientos mil uno
300.331 millas	trescientas mil, trescientas treinta y una millas
666.660 pesos	seiscientos sesenta y seis mil, seiscientos sesenta pesos

876.543 obreros	ochocientos setenta y seis mil, quinientos cuarenta y tres obreros
6.000.000	seis millones

Ejercicio B. *Conteste a las siguientes preguntas según los modelos. Haga el ejercicio oralmente primero y después por escrito. Cubra las respuestas:*

MODELOS: ¿Cuántos habitantes? (32.101)
Treinta y dos mil ciento un habitantes.

¿Cuántas horas? (72)
Setenta y dos horas.

1. ¿Cuántos dólares? (7.000.000)   Siete millones de dólares.
2. ¿Cuántos pesos? (967)   Novecientos sesenta y siete pesos.
3. ¿Cuántas pesetas? (1.321)   Mil trescientas veintiuna (veinte y una) pesetas.
4. ¿Cuántos aviones? (531)   Quinientos treinta y un aviones.
5. ¿Cuántos accidentes? (389)   Trescientos ochenta y nueve accidentes.
6. ¿Cuántas mujeres? (2.001)   Dos mil una mujeres.
7. ¿Cuántas millas? (501)   Quinientas una millas.
8. ¿Cuántos divorcios? (867)   Ochocientos sesenta y siete divorcios.
9. ¿Cuántos años? (61)   Sesenta y un años.
10. ¿Cuántos días? (31)   Treinta y un días.

Ejercicio C. *Lea en voz alta. Cubra las respuestas:*

1. La temperatura en verano ha llegado a 101°.
   La temperatura en verano ha llegado a ciento un grados.
2. La temperatura bajó hasta 2.5° bajo cero.
   La temperatura bajó hasta dos punto cinco grados bajo cero.
3. Pero ayer subió hasta 5.5° sobre cero.
   Pero ayer subió hasta cinco punto cinco grados sobre cero.
4. El señor Candelario Cabrera es vecino de la Avenida 17, número 1237, Córdoba.
   El señor Candelario Cabrera es vecino de la Avenida dieciséis (diez y siete), número mil doscientos treinta y siete, Córdoba.
5. Ahora tengo otro número de teléfono: 423605.
   Ahora tengo otro número de teléfono: cuarenta y dos, treinta y seis, cero cinco.
6. A principios del siglo pasado los blancos sólo eran un 31,75% de la población.
   A principios del siglo pasado los blancos sólo eran un treinta y un coma setenta y cinco por ciento de la población.
7. La deuda pública es de $1.078.937,66.
   La deuda pública es de un millón, setenta y ocho mil, novecientos treinta y siete pesos (dólares), (y) (con) sesenta y seis centavos.
8. Me debe $.05.
   Me debe cinco centavos.

9. Ese coche es del año 1965.
   Ese coche es del año mil novecientos sesenta y cinco.
10. Tiene un Ford del 26.
    Tiene un Ford del veintiséis (veinte y seis).
11. Pesa 27,88 gramos.
    Pesa veintisiete (veinte y siete) coma ochenta y ocho gramos.
12. 0,0701 onzas es más que un gramo.
    Cero coma cero setecientas una onzas es más que un gramo.
13. La dirección de Josefita es Campanario 681, altos.
    La dirección de Josefita es Campanario seiscientos ochenta y uno, altos.
14. Me mudé para la calle 23 número 1846.
    Me mudé para la calle veintitrés (veinte y tres), número dieciocho cuarenta y seis.
15. En Martí 135 tiene su casa.
    En Martí ciento treinta y cinco tiene su casa.
16. La guerra del 14 ocasionó muchas muertes.
    La guerra del catorce ocasionó muchas muertes.
17. Ese castillo tiene más de 300 años.
    Ese castillo tiene más de trescientos años.
18. Pero aquí sólo hay 0,0699 onzas.
    Pero aquí sólo hay cero coma cero seiscientas noventa y nueve onzas.
19. Pesa 8,09 onzas.
    Pesa ocho coma cero nueve onzas.
20. El año pasado las ganancias fueron de $632.875,50.
    El año pasado las ganancias fueron de seiscientos treinta y dos mil, ochocientos setenta y cinco dólares (pesos), (con) (y) cincuenta centavos.
21. El 40.32% de la población se ha concentrado en la capital.
    El cuarenta punto treinta y dos por ciento de la población se ha concentrado en la capital.
22. En los últimos 20 años la población urbana ha aumentado en un 14,7%.
    En los últimos veinte años la población urbana ha aumentado en un catorce coma siete por ciento.
23. Voy a apuntar tu número de teléfono. 69876.
    Voy a apuntar tu número de teléfono. Sesenta y nueve, ocho, setenta y seis (seis, noventa y ocho, setenta y seis).
24. Las nuevas oficinas están en Tejadillo 101.
    Las nuevas oficinas están en Tejadillo ciento uno.
25. El 68.9% de la población es mestiza.
    El sesenta y ocho punto nueve por ciento de la población es mestiza.
26. Hay 5.7% de familias de ascendencia portuguesa.
    Hay cinco punto siete por ciento de familias de ascendencia portuguesa.
27. El aumento de la mortandad se calcula en un 11.4%.
    El aumento de la mortandad se calcula en un once punto cuatro por ciento.
28. La población por kilómetro cuadrado es de 11.5 habitantes.
    La población por kilómetro cuadrado es de once punto cinco habitantes.

29. El presupuesto para el año 1964–65 ha sido de 21.405 pesetas.
    El presupuesto para el año mil novecientos sesenta y cuatro, sesenta y cinco, ha sido de veintiún (veinte y un) mil cuatrocientas cinco pesetas.
30. Mi abuelo nació en 1868 y murió en 1921.
    Mi abuelo nació en mil ochocientos sesenta y ocho y murió en mil novecientos veintiuno (veinte y uno).
31. Marco Aurelio reinó de 161 a 180, mientras que el emperador Marciano reinó de 450 a 457.
    Marco Aurelio reinó de ciento sesenta y uno a ciento ochenta, mientras que el emperador Marciano reinó de cuatrocientos cincuenta a cuatrocientos cincuenta y siete.
32. Margarita de Angulema vivió de 1492 a 1549.
    Margarita de Angulema vivió de mil cuatrocientos noventa y dos a mil quinientos cuarenta y nueve.
33. Haití tiene 28.676 kilómetros cuadrados y 3.000.000 de habitantes. Su capital, Puerto Príncipe, tiene 134.000 habitantes.
    Haití tiene veintiocho (veinte y ocho) mil seiscientos setenta y seis kilómetros cuadrados y tres millones de habitantes. Su capital, Puerto Príncipe, tiene ciento treinta y cuatro mil habitantes.
34. Hospital Militar Línea #1123, Santiago de Chile, República de Chile.
    Hospital Militar Línea número mil ciento veintitrés (veinte y tres), Santiago de Chile, República de Chile.
35. La temperatura máxima registrada ayer fue de 19.5 grados a las 14.10 horas.
    La temperatura máxima registrada ayer fue de diez y nueve punto cinco grados a las catorce horas y diez minutos.
36. La temperatura mínima en el día de ayer fue de 11.6 grados a las 05.35 horas.
    La temperatura mínima en el día de ayer fue de once punto seis grados a las cinco horas y treinta y cinco minutos.

EJERCICIOS DE REPASO: FORMAS DE PRESENTE

Ejercicio A. *En los ejercicios que siguen, cubra la segunda línea con una tarjeta y haga la sustitución indicada. Luego, baje la tarjeta para ver la respuesta correcta y la sustitución siguiente. Siga de esta manera. Repita estos ejercicios hasta que pueda hacerlos rápidamente y sin error:*

1. No comprenden ese punto de vista. (David y yo)
   David y yo no comprendemos ese punto de vista. (yo)
   No comprendo ese punto de vista. (ellas)
   No comprenden ese punto de vista. (el historiador)
   El historiador no comprende ese punto de vista. (los franceses)
   Los franceses no comprenden ese punto de vista. (tú)
   No comprendes ese punto de vista. (el esquimal)
   El esquimal no comprende ese punto de vista.
2. Vivo en Toledo. (el español)
   El español vive en Toledo. (ella)

Vive en Toledo. (ellas)
   Viven en Toledo. (tú)
   Vives en Toledo. (usted y yo)
   Vivimos en Toledo.
3. ¡Qué bien descansa el viajero! (ella)
   ¡Qué bien descansa! (ellos)
   ¡Qué bien descansan! (nosotros)
   ¡Qué bien descansamos! (tú)
   ¡Qué bien descansas! (yo)
   ¡Qué bien descanso!
4. Empiezo a recordar la situación. (nosotros)
   Empezamos a recordar la situación. (tú)
   Empiezas a recordar la situación. (Julieta)
   Julieta empieza a recordar la situación. (el Cid y Jimena)
   El Cid y Jimena empiezan a recordar la situación. (yo)
   Empiezo a recordar la situación. (mi mujer y yo)
   Mi mujer y yo empezamos a recordar la situación.
5. No me muevo de aquí. (ella)
   No se mueve de aquí. (ustedes)
   No se mueven de aquí. (tú)
   No te mueves de aquí. (nosotros)
   No nos movemos de aquí. (ellos)
   No se mueven de aquí. (yo)
   No me muevo de aquí.
6. El inglés se levanta temprano. (Juan y María)
   Juan y María se levantan temprano. (la chica)
   La chica se levanta temprano. (nosotros)
   Nos levantamos temprano. (tú)
   Te levantas temprano. (yo)
   Me levanto temprano.
7. Los fenicios llegan a la tierra. (yo)
   Llego a la tierra. (ellos)
   Llegan a la tierra. (tú)
   Llegas a la tierra. (Aníbal)
   Aníbal llega a la tierra. (nosotros)
   Llegamos a la tierra. (usted)
   Llega a la tierra.

Ejercicio B. *Lea el primer párrafo. Después, cambie los verbos de acuerdo con el significado de la oración en los párrafos siguientes. Use las formas verbales en el mismo orden del ejemplo inicial:*

Adán ya no *duerme* descansadamente ni *sueña* con los árboles verdes, porque Eva está en el paraíso. *Se mueve* inquieto durante la noche. *Cuenta* las horas con los dedos de ambas manos y generalmente *pierde* la cuenta. *Advierte* distintos colores en los árboles y en las flores, pero no *se sienta* a contemplarlos. No *entiende* completamente, porque *empieza* a sufrir un poco. Ya no *se divierte*. Ahora sólo *juega* a la canasta. Es decir, Adán *despierta*, *devuelve* sonrisas y *tiende* la mano caballerosamente a Eva. En resumen, *piensa* que *pierde* una costilla. *Cuenta* sus costillas y comprende la diferencia. *Recuerda* los buenos tiempos.

ORDEN DE LOS VERBOS

1. dormir
2. soñar
3. moverse
4. contar
5. perder
6. advertir
7. sentarse
8. entender
9. empezar
10. divertirse
11. jugar
12. despertar
13. devolver
14. tender
15. pensar
16. perder
17. contar
18. recordar

Nosotros ya no _____(1)_____ descansadamente ni _____(2)_____ con los árboles verdes, porque Eva está en el paraíso. _____(3)_____ inquietos durante la noche. _____(4)_____ las horas con los dedos de ambas manos y generalmente _____(5)_____ la cuenta. _____(6)_____ distintos colores en los árboles y en las flores, pero no _____(7)_____ a contemplarlos. No _____(8)_____ completamente, porque _____(9)_____ a sufrir un poco. Ya no _____(10)_____. Ahora sólo _____(11)_____ a la canasta. Es decir _____(12)_____, _____(13)_____ sonrisas y _____(14)_____ la mano caballerosamente. En resumen, _____(15)_____ que _____(16)_____ una costilla. _____(17)_____ nuestras costillas y comprendemos la diferencia. _____(18)_____ los buenos tiempos.

Respuestas

1. dormimos
2. soñamos
3. Nos movemos
4. Contamos
5. perdemos
6. Advertimos
7. nos sentamos
8. entendemos
9. empezamos
10. nos divertimos
11. jugamos
12. despertamos
13. devolvemos
14. tendemos
15. pensamos
16. perdemos
17. Contamos
18. Recordamos

ORDEN DE LOS VERBOS	
1. dormir	
2. soñar	
3. moverse	
4. contar	
5. perder	
6. advertir	
7. sentarse	
8. entender	
9. empezar	
10. divertirse	
11. jugar	
12. despertar	
13. devolver	
14. tender	
15. pensar	
16. perder	
17. contar	
18. recordar	

Encierre en un rectángulo ([   ]) las formas que utilizan diptongo:

Tú tampoco _____ descansadamente ni _____
              1   2

con los árboles verdes, porque Eva está en el paraíso. Nosotros

_____ inquietos durante la noche, _____ las
        3   4

horas y los minutos y casi siempre _____ la cuenta.
                                                                    5

Ambos _____ distintos colores en el paisaje, pero tú no
                    6

tienes tranquilidad y no _____ a contemplarlo. Tú, pobre
                                              7

Adán, no _____ completamente, porque _____
                    8   9

a sufrir un poco. Ni tú ni yo nos _____. Ahora los dos
                                                          10

sólo _____ a la canasta con Eva; mientras ella, por
            11

su parte, también _____, _____ sonrisas y
                                12   13

_____ elegantemente la mano a los caballeros. En
      14

resumen, el diablo _____ que los dos _____
                                  15   16

una costilla. Eva también _____ las costillas de Adán y
                                              17

comprende la diferencia. Todos nosotros _____ que
                                                                          18

aquellos tiempos eran un poco aburridos, después de todo.

Respuestas

1. [duermes]	7. [te sientas]	13. [devuelve]
2. [sueñas]	8. [entiendes]	14. [tiende]
3. nos movemos	9. [empiezas]	15. [piensa]
4. contamos	10. divertimos	16. perdemos
5. perdemos	11. jugamos	17. [cuenta]
6. advertimos	12. [despierta]	18. recordamos

Ejercicio C. *Cubra la línea c con una tarjeta. Luego, para contestar a la pregunta de la línea a, lea la línea b, completándola con la forma verbal apropiada. Después, mire la línea c para ver si contestó bien. La forma del verbo en la línea b debe ser la misma de la línea c. Para mayor efectividad, haga el ejercicio primero oralmente y después por escrito:*

MODELOS: a. ¿**Usted** trae dinero en la cartera?

b. Sí, sí _____ dinero en la cartera,
c. pero no *traigo* dinero en el bolsillo.

a. ¿**Ustedes** traen dinero en la cartera?

b. No, no _____ dinero en la cartera,
c. pero sí *traemos* dinero en el bolsillo.

1. ¿**Usted** conoce un Edén sin serpiente?

   Sí, sí _____ un Edén sin serpiente,
   pero no *conozco* un Edén sin Eva.
2. ¿**Ustedes** piden manzanas verdes?

   No, no _____ manzanas verdes,
   pero sí *pedimos* manzanas maduras.
3. ¿**Usted** sabe la hora exacta?

   Sí, sí _____ la hora exacta,
   pero no *sé* la fecha de hoy.
4. ¿**Ustedes** sirven frutos prohibidos?

   No, no _____ frutos prohibidos,
   pero sí *servimos* frutos deliciosos.
5. ¿**Usted** va a morder el durazno?

   Sí, sí _____ a morder el durazno,
   pero no *voy* a morder la manzana.
6. ¿**Ustedes** se mueren de curiosidad?

   No, no _____ de curiosidad,
   pero sí *nos morimos* de aburrimiento.
7. ¿**Usted** oye los violines?

   Sí, sí _____ los violines,
   pero no *oigo* los cuernos.

8. ¿**Usted** ve la mota?

   No, no _____ la mota,
   pero sí *veo* la mosca.

9. ¿**Usted** trae un revólver en la mano?

   No, no _____ un revólver en la mano,
   pero sí *traigo* un pliego de papel.

10. ¿**Ustedes** juegan a la canasta?

    No, no _____ a la canasta,
    pero sí *jugamos* al tenis.

11. ¿**Usted** dirige bien las discusiones de la clase?

    Sí, sí _____ bien las discusiones de la clase,
    pero no *dirijo* bien los deportes de la escuela.

12. ¿**Ustedes** construyen frases complicadas?

    No, no _____ frases complicadas,
    pero sí *construimos* frases con errores.

13. ¿**Ustedes** huyen de la serpiente?

    Sí, sí _____ de la serpiente,
    pero no *huimos* de Eva.

14. ¿**Usted** viene de la clase de español?

    No, no _____ de la clase de español,
    pero sí *vengo* de la biblioteca.

15. ¿**Ustedes** piensan en el paraíso?

    Sí, sí _____ en el paraíso,
    pero no *pensamos* en el infierno.

16. ¿**Usted** se parece a los reptiles?

    No, no _____ a los reptiles,
    pero sí *me parezco* algo al tigre.

17. ¿**Usted** hace muchas preguntas?

    Sí, sí _____ muchas preguntas,
    pero no *hago* muchas frases.

18. ¿**Usted** dice que vio a su amigo?

    No, no _____ que vi a mi amigo,
    pero sí *digo* que vi a la serpiente.

19. ¿**Ustedes** ven la sierra?

　　Sí, sí _____ la sierra,
　　pero no *vemos* el manzano.
20. ¿**Usted** produce oraciones interesantes?

　　No, no _____ oraciones interesantes,
　　pero sí *produzco* oraciones aburridas.
21. ¿**Ustedes** piensan en las muchachas?

　　Sí, sí _____ en las muchachas,
　　pero no *pensamos* en los exámenes.
22. ¿**Usted** convence a sus compañeros?

　　No, no _____ a mis compañeros,
　　pero sí *convenzo* a mi madre.
23. ¿**Usted** vence a los comunistas?

　　Sí, sí _____ a los comunistas,
　　pero no *venzo* a la naturaleza.
24. ¿**Usted** viene de un paseo en bicicleta?

　　Sí, sí _____ de un paseo en bicicleta,
　　pero no *vengo* de un paseo en coche.

2

2·6 Ejercicio A. *Conteste las siguientes preguntas. En las respuestas, use una forma pronominal en lugar del objeto directo o indirecto que aparece en bastardillas en las preguntas. Cubra las respuestas y baje la tarjeta a medida que hace el ejercicio:*

MODELOS: ¿Lee *la carta*?
　　　　　Sí, la lee.

　　　　　¿Lee la carta *a los estudiantes*?
　　　　　Sí, les lee la carta.

1. ¿Abre *la puerta*?
   Sí, la abre.
2. ¿Explican *los problemas*?
   Sí, los explican.
3. ¿Dicta las oraciones *a los alumnos*?
   Sí, les dicta las oraciones.
4. ¿Abre la puerta *a la clase*?
   Sí, le abre la puerta.
5. ¿Tiene usted *ese nuevo diccionario*?
   Sí, lo tengo.
6. ¿Dictan *oraciones*?
   Sí, las dictan.
7. ¿Hace un cuento *a sus hijos*?
   Sí, les hace un cuento.
8. ¿Explica sus problemas *a sus padres*?
   Sí, les explica sus problemas.
9. ¿Castigan *al culpable*?
   Sí, lo castigan.
10. ¿Desea *lo mejor*?
    Sí, lo desea.
11. ¿Desea lo mejor *para sus hijos*?
    Sí, les desea lo mejor.
12. ¿Compra dulces *para los niños*?
    Sí, les compra dulces.
13. ¿Da un beso *a Paulina*?
    Sí, le da un beso.
14. ¿Recita *esa poesía*?
    Sí, la recita.

15. ¿Comunica sus ideas *a la gente*?
    Sí, le comunica sus ideas.
16. ¿Pronuncian *discursos*?
    Sí, los pronuncian.
17. ¿Pronuncian discursos *para la multitud*?
    Sí, le pronuncian discursos.
18. ¿Recita una poesía *al público*?
    Sí, le recita una poesía.
19. ¿Comunican *sus ideas*?
    Sí, las comunican.
20. ¿Indica el camino *a los viajeros*?
    Sí, les indica el camino.
21. ¿Vende dulces *a los muchachos*?
    Sí, les vende dulces.
22. ¿Dan ese regalo *al niño*?
    Sí, le dan ese regalo.
23. ¿Comienza *una carta*?
    Sí, la comienza.
24. ¿Indica *el camino*?
    Sí, lo indica.
25. ¿Prepara la comida *para los invitados*?
    Sí, les prepara la comida.
26. ¿Comienza a escribir una carta *a sus padres*?
    Sí, les comienza a escribir una carta.
27. ¿Prepara *la comida*?
    Sí, la prepara.
28. ¿Compran *el regalo*?
    Sí, lo compran.
29. ¿Hablan *español*?
    Sí, lo hablan.
30. ¿Compra un regalo *a su esposa*?
    Sí, le compra un regalo.

Ejercicio B. *Cubra la línea* b *con una tarjeta. Cambie a su forma pronominal el objeto directo o el objeto indirecto que aparece en bastardillas en dicha línea. Baje la tarjeta y lea la línea* b. *Después, cambie también a su forma pronominal el objeto directo o indirecto que aparece en bastardillas en la línea* b. *Finalmente mire la línea* c *para ver si contestó bien:*

MODELOS: a. El ladrón enseña *unos papeles* al policía.
          b. El ladrón los enseña *al policía*.
          c. El ladrón se los enseña.

          a. Escribe *a su novia* unos versos.
          b. Le escribe *unos versos*.
          c. Se los escribe.

1. Da *centavos* a los pobres.
   Los da *a los pobres*.
   Se los da.
2. Tiran la piedra *a los compañeros*.
   Les tiran *la piedra*.
   Se la tiran.
3. *Para los niños* la maestra trae dulces.
   La maestra les trae *dulces*.
   La maestra se los trae.
4. El hijo no escribe una carta *a su padre*.
   El hijo no le escribe *una carta*.
   El hijo no se la escribe.
5. Enseñamos *la ciudad* a los extranjeros.
   La enseñamos *a los extranjeros*.
   Se la enseñamos.
6. Prestamos *dinero* a los amigos.
   Lo prestamos *a los amigos*.
   Se lo prestamos.
7. Los indios lanzaban flechas (*shot arrows*) *a los españoles*.
   Los indios les lanzaban *flechas*.
   Los indios se las lanzaban.
8. Llevaban *regalos* a los enfermos.
   Los llevaban *a los enfermos*.
   Se los llevaban.
9. La abuela contaba una historia *a su hija*.
   La abuela le contaba *una historia*.
   La abuela se la contaba.
10. Explicó *al alumno* las lecciones.
    Le explicó *las lecciones*.
    Se las explicó.
11. Los muchachos arrojan *huesos* a los perros.
    Los muchachos los arrojan *a los perros*.
    Los muchachos se los arrojan.
12. Pedí las tareas *a los estudiantes*.
    Les pedí *las tareas*.
    Se las pedí.
13. No abren las puertas *al enemigo*.
    No le abren *las puertas*.
    No se las abren.
14. Escribe *una novela* para lectores inteligentes.
    La escribe *para lectores inteligentes*.
    Se la escribe.
15. El autor leyó los cuentos *a sus amigos*.
    El autor les leyó *los cuentos*.
    El autor se los leyó.

16. El perro enseñó *sus dientes* al gato.
    El perro los enseñó *al gato*.
    El perro se los enseñó.
17. Agradece las flores *al novio*
    Le agradece *las flores*.
    Se las agradece.
18. Los militares causaban daño *a la patria*.
    Los militares le causaban *daño*.
    Los militares se lo causaban.
19. Mostraban *el cuadro* a los artistas.
    Lo mostraban *a los artistas*.
    Se lo mostraban.
20. No dieron *los documentos* al abogado.
    No los dieron *al abogado*.
    No se los dieron.
21. Los viajeros pagaron *las salchichas* al vendedor.
    Los viajeros las pagaron *al vendedor*.
    Los viajeros se las pagaron.
22. El hombre pobre pide dinero *al rico*.
    El hombre pobre le pide *dinero*.
    El hombre pobre se lo pide.
23. *Para su enamorada* compró un libro de poesías.
    Le compró *un libro de poesías*.
    Se lo compró.
24. El doctor da *una medicina* al enfermo.
    El doctor la da *al enfermo*.
    El doctor se la da.
25. El profesor no da una buena nota *a algunos estudiantes*.
    El profesor no les da *una buena nota*.
    El profesor no se la da.
26. El niño no entrega las notas *a los padres*.
    El niño no les entrega *las notas*.
    El niño no se las entrega.
27. El cartero entrega *una carta* a la señora.
    El cartero la entrega *a la señora*.
    El cartero se la entrega.
28. La alumna pasa los papeles *a sus compañeros*.
    La alumna les pasa *los papeles*.
    La alumna se los pasa.
29. El profesor no devuelve *los exámenes* a los alumnos.
    El profesor no los devuelve *a los alumnos*.
    El profesor no se los devuelve.
30. Colón descubrió *un nuevo mundo* para España.
    Colón lo descubrió *para España*.
    Colón se lo descubrió.

Ejercicio C. *En el siguiente ejercicio cambie las partes de la oración que aparecen en bastardillas. Primero, cambie solamente las que aparecen con el número 1. Después, cambie solamente las que aparecen con el número 2. Finalmente, cambie ambas partes a su forma pronominal. Siga los modelos. Cubra las respuestas:*

MODELOS: El ladrón enseña *los papeles al policía*.
                                        1   2

      El ladrón los enseña al policía.
      El ladrón le enseña los papeles.
      El ladrón se los enseña.

      Escribe *a su novia los versos*.
                1   2
      Le escribe los versos.
      Los escribe a su novia.
      Se los escribe.

1. La joven enseña *el anillo* (ring) *a sus amigas*.
                      2   1
    La joven les enseña el anillo.
    La joven lo enseña a sus amigas.
    La joven se lo enseña.

2. El viajero compra *salchichas al dependiente*.
                         2   1
    El viajero le compra salchichas.
    El viajero las compra al dependiente.
    El viajero se las compra.

3. Lanzan *flechas a los conquistadores*.
              1   2
    Las lanzan a los conquistadores.
    Les lanzan flechas.
    Se las lanzan.

4. El turista envía *tarjetas a sus amigos*.
                   1   2
    El turista las envía a sus amigos.
    El turista les envía tarjetas.
    El turista se las envía.

5. Eva coge *la manzana para Adán*.
               2   1
    Eva le coge la manzana.
    Eva la coge para Adán.
    Eva se la coge.

6. Presenta *el informe a los senadores*.
              2   1
    Les presenta el informe.
    Lo presenta a los senadores.
    Se lo presenta.

7. *Salchichas* pedí *a la cocinera.*
       2   1
   Salchichas le pedí.
   Las pedí a la cocinera.
   Se las pedí.
8. Hacen *bromas a los amigos.*
          1   2
   Las hacen a los amigos.
   Les hacen bromas.
   Se las hacen.
9. El jefe dicta *cartas a la secretaria.*
                  1   2
   El jefe las dicta a la secretaria.
   El jefe le dicta cartas.
   El jefe se las dicta.
10. Preparan *el examen para los alumnos.*
                 1   2
    Lo preparan para los alumnos.
    Les preparan el examen.
    Se lo preparan.

2·7 *Cambie las oraciones según los modelos. Use las formas* **lo(s)** *o* **la(s)** *cuando sea posible. Cubra las respuestas:*

MODELOS: Me quedan bien los zapatos. (al Primer Ministro)
Le quedan bien los zapatos. (a los prisioneros)
Les quedan bien los zapatos. (a Eva y a mí)
Nos quedan bien los zapatos. (a la reina)
Le quedan bien los zapatos.

Me convencen con buenas razones. (al Primer Ministro)
Lo convencen con buenas razones. (a la cocinera)
La convencen con buenas razones. (a las autoridades)
Las convencen con buenas razones. (a los ladrones)
Los convencen con buenas razones.

1. En realidad me gustan las camas cómodas. (a nosotros)
   En realidad nos gustan las camas cómodas. (a las francesas)
   En realidad les gustan las camas cómodas. (a una inglesa)
   En realidad le gustan las camas cómodas. (a las autoridades)
   En realidad les gustan las camas cómodas.
2. El trabajo en Alaska no nos convenía nada. (a mí)
   El trabajo en Alaska no me convenía nada. (al mexicano)
   El trabajo en Alaska no le convenía nada. (a Eva)
   El trabajo en Alaska no le convenía nada. (a Romeo y Julieta)
   El trabajo en Alaska no les convenía nada.

3. Me llevaron a la cárcel por ladrón. (a Julieta)
   La llevaron a la cárcel por ladrona. (a las enfermeras)
   Las llevaron a la cárcel por ladronas. (al millonario)
   Lo llevaron a la cárcel por ladrón. (al estudiante)
   Lo llevaron a la cárcel por ladrón.
4. Nos falta alguna práctica oral. (a mí)
   Me falta alguna práctica oral. (al esquimal)
   Le falta alguna práctica oral. (a los estudiantes)
   Les falta alguna práctica oral. (al estudiante)
   Le falta alguna práctica oral.
5. Me sobran dos boletos para el teatro. (al periodista y a mí)
   Nos sobran dos boletos para el teatro. (al actor)
   Le sobran dos boletos para el teatro. (a los profesores)
   Les sobran dos boletos para el teatro. (a la artista)
   Le sobran dos boletos para el teatro.
6. Nos importaban las noticias del periódico. (al presidente)
   Le importaban las noticias del periódico. (al Primer Ministro)
   Le importaban las noticias del periódico. (a las autoridades)
   Les importaban las noticias del periódico. (al artista y a su novia)
   Les importaban las noticias del periódico.
7. Me encontraron en el bar de la calle Real. (al profesor)
   Lo encontraron en el bar de la calle Real. (a la profesora de historia)
   La encontraron en el bar de la calle Real. (a los mecánicos)
   Los encontraron en el bar de la calle Real. (a Cleopatra y a mí)
   Nos encontraron en el bar de la calle Real.
8. Nos enviaron a Siberia a pie. (a Fidel)
   Lo enviaron a Siberia a pie. (a Graciela y al príncipe)
   Los enviaron a Siberia a pie. (a los extranjeros)
   Los enviaron a Siberia a pie. (a Blanca Nieves)
   La enviaron a Siberia a pie.
9. Me parecen deliciosos los cangrejos y las salchichas. (al tigre)
   Le parecen deliciosos los cangrejos y las salchichas. (a los tigres)
   Les parecen deliciosos los cangrejos y las salchichas. (a mí)
   Me parecen deliciosos los cangrejos y las salchichas. (a la cocinera)
   Le parecen deliciosos los cangrejos y las salchichas.
10. Nos importa obtener buenas notas en el examen. (a los estudiantes)
    Les importa obtener buenas notas en el examen. (a Eva)
    Le importa obtener buenas notas en el examen. (a mi amigo y a mí)
    Nos importa obtener buenas notas en el examen. (a mi mamá)
    Le importa obtener buenas notas en el examen.
11. El dinero no nos basta para obtener la felicidad. (a mí)
    El dinero no me basta para obtener la felicidad. (a los millonarios)
    El dinero no les basta para obtener la felicidad. (al mecánico)
    El dinero no le basta para obtener la felicidad. (a las prisioneras)
    El dinero no les basta para obtener la felicidad.

12. Me obligaron a comer tortillas y tamales. (a mi hermana)
    La obligaron a comer tortillas y tamales. (a mis hermanas)
    Las obligaron a comer tortillas y tamales. (al japonés)
    Lo obligaron a comer tortillas y tamales. (a los alemanes)
    Los obligaron a comer tortillas y tamales.
13. Me pegaron en la cabeza con una piedra. (al presidente)
    Le pegaron en la cabeza con una piedra. (a los periodistas)
    Les pegaron en la cabeza con una piedra. (a las actrices)
    Les pegaron en la cabeza con una piedra. (a mí)
    Me pegaron en la cabeza con una piedra.
14. Me tocó un examen muy fácil. (a mi compañero)
    Le tocó un examen muy fácil. (a mi compañero y a mí)
    Nos tocó un examen muy fácil. (a la extranjera)
    Le tocó un examen muy fácil. (a Hamlet)
    Le tocó un examen muy fácil.
15. Le interesa estudiar las civilizaciones indias. (a mí)
    Me interesa estudiar las civilizaciones indias. (al profesor)
    Le interesa estudiar las civilizaciones indias. (a los extranjeros)
    Les interesa estudiar las civilizaciones indias. (a nosotros)
    Nos interesa estudiar las civilizaciones indias.

3

3·28 *En el ejercicio que sigue, aparece una narración incompleta. Complete la narración haciendo uso del verbo* **ser** *o* **estar**. *Cubra la narración que aparece a la derecha de la página. Vaya descubriéndola a medida que va completando la narración sugerida a la izquierda:*

La mujer y el hombre. Ella ____ sentada a la puerta de su casa. El hombre ____ sobre su caballo. La mujer ____ bella, por supuesto. Él ____ buen mozo, claro. Ella ____ mirando la calle desierta. Él ____ acercándose por el camino. El pueblo ____ pequeño, solitario y tedioso. ____ de día. ____ la hora de la siesta. Sólo ella ____ junto a la puerta. Sólo él ____ sobre el caballo. El pueblo ____ en silencio. Los otros hombres y mujeres ____ descansando. ____ el momento del silencio.

La mujer ____ española. ____ en un pueblo perdido de España. La mujer, más que española, ____ eterna. ____ «la mujer». Y ____ esperando, enamorada. ____ en cualquier parte del mundo. ____ en la ciudad o en el pueblo. Y ____ en todas partes también.

La mujer ____ feliz, porque lo espera. No tiene nada. ____ pobre. Ya no tiene ni su propio corazón. El corazón ____ de él.

La calle ____ vacía. Pero ella ____ llena de esperanzas cuando él aparece en el horizonte. Él ____ en el horizonte y se acerca. Minutos después, el hombre y su caballo ____ cerca de ella. Él se baja del caballo y ya ____ de pie frente a la mujer. En aquel momento, los rayos del sol ____ más fuertes. La tierra ____ ardiendo.

La mujer y el hombre. Ella está sentada a la puerta de su casa. El hombre está sobre su caballo. La mujer es bella, por supuesto. Él es buen mozo, claro. Ella está mirando la calle desierta. Él está acercándose por el camino. El pueblo es pequeño, solitario y tedioso. Es de día. Es la hora de la siesta. Sólo ella está junto a la puerta. Sólo él está sobre el caballo. El pueblo está en silencio. Los otros hombres y mujeres están descansando. Es el momento del silencio.

La mujer es española. Está en un pueblo perdido de España. La mujer, más que española, es eterna. Es «la mujer». Y está esperando, enamorada. Está en cualquier parte del mundo. Está en la ciudad o en el pueblo. Y está en todas partes también.

La mujer es feliz, porque lo espera. No tiene nada. Es pobre. Ya no tiene ni su propio corazón. El corazón es de él.

La calle está vacía. Pero ella está llena de esperanzas cuando él aparece en el horizonte. Él está en el horizonte y se acerca. Minutos después, el hombre y su caballo están cerca de ella. Él se baja del caballo y ya está de pie frente a la mujer. En aquel momento, los rayos del sol son más fuertes. La tierra está ardiendo.

Ambos ____ de pie. Uno frente al otro. Todo ____ en silencio, menos sus miradas. ____ el verano.

Ambos están de pie. Uno frente al otro. Todo está en silencio, menos sus miradas. Es el verano.

3.29 Ejercicio A.
En el siguiente ejercicio aparecen diferentes oraciones con **ser** o **estar**. Cada oración tiene sólo una interpretación correcta. Seleccione la interpretación que se acerca más al verdadero significado de cada oración. Es decir, a las oraciones con los números corresponde sólo una de las explicaciones con las letras. Seleccione la mejor. Cubra las respuestas:

MODELO:
    I. No me gusta esa comida porque es muy salada.
    II. No me gusta esa comida porque está muy salada.
      (a) Esa comida se hace generalmente con mucha sal.
      (b) Esa comida que usted me sirvió tiene demasiada sal para mi gusto.

(I.a II.b)

1. Acabo de llegar a Los Ángeles. El cielo es gris y obscuro. Prefiero el cielo claro y azul de Honolulu.
2. Acabo de llegar a Los Ángeles. El cielo está gris y obscuro. Prefiero el cielo claro y azul de Honolulu.
   (a) En Los Ángeles generalmente hay un cielo gris y obscuro.
   (b) En Los Ángeles hay un cielo gris y obscuro en el momento de la llegada.

(1.a 2.b)

3. Acabo de llegar a Oklahoma. Vengo de Honolulu. En Honolulu el pollo es caro, pero en Oklahoma es barato.
4. Acabo de llegar a Oklahoma. Vengo de Honolulu. En Honolulu el pollo está caro, pero en Oklahoma está barato.
   (a) Generalmente el pollo cuesta más en Honolulu.
   (b) La oración se refiere solamente a cierto momento en que el costo del pollo es mayor en Honolulu.

(3.a 4.b)

5. Me voy a vivir a Honolulu. Estoy aburrido del invierno y el frío de Alaska.
6. Me voy a vivir a Honolulu. Son aburridos el invierno y el frío de Alaska.
   (a) Se va para Honolulu porque el invierno y el frío de Alaska cansan a la gente.
   (b) Se va para Honolulu porque después de un tiempo le han cansado el invierno y el frío de Alaska.

(5.b 6.a)

7. No sigo con este curso porque los exámenes están muy difíciles.
8. No sigo con este curso porque los exámenes son muy difíciles.
   (a) Desde el principio ha habido dificultades para poder obtener buenas notas en los exámenes.
   (b) Al principio del curso no había grandes dificultades en los exámenes y se obtenían buenas notas.

(7.b 8.a)

9. —No, prefiero agua. No me gusta la limonada que usted toma. Es muy dulce.

10. —No, prefiero agua. No me gusta la limonada que usted toma. Está muy dulce.
    (a) Cuando la probó, le pareció que tenía más azúcar de la que él prefería.
    (b) La limonada se hace con mucho azúcar y por eso no le gusta.

(9.b 10.a)

Ejercicio B. *En el ejercicio siguiente aparece una narración incompleta. Complete la narración con la forma correcta de* **ser** *o* **estar** *más la palabra o palabras que aparecen en el paréntesis. Cubra las respuestas:*

MODELOS: I. María es alegre y divertida, pero ayer tuvo un accidente y se encuentra en el hospital. (triste y se siente desgraciada)
Está triste y se siente desgraciada.
II. José tiene mucho dinero. En casa de José hay cinco coches de lujo y José tiene un millón de pesos en el banco. (rico)
Es rico.

1. A Silveria le gustaban los bailes. Le gustaban las fiestas también. (alegre y divertida)
Era alegre y divertida.
2. El padre de Silveria, que se llamaba Jacinto, tenía un carácter bondadoso. (generoso y simpático)
Era generoso y simpático.
3. Hace muchos años la familia tenía mucho dinero. (ricos)
Eran ricos.
4. Pero Jacinto empezó a ir al Casino. Jugaba. Lo perdió todo en el juego. Al poco tiempo se quedó sin un centavo. (arruinado)
Estaba arruinado.
5. Ahora Jacinto nunca trabaja. (perezoso)
Es perezoso.
6. Ya no tiene un carácter bondadoso, sino terrible. (cruel y hasta les pega a su mujer y a su hija)
Es cruel y hasta les pega a su mujer y a su hija.
7. Empezó a beber. Ahora no se encuentra bien de salud. (enfermo también)
Está enfermo también.
8. Silveria tenía un novio a quien amaba locamente. (loca de amor por él)
Estaba loca de amor por él.
9. Pero cuando su padre quedó arruinado, el novio la dejó y se casó con una joven rica. Desde ese día Silveria ha cambiado mucho. (triste y sufre)
Está triste y sufre.
10. La chica piensa: —¡Todo me sale mal! (¡Muy desgraciada!)
¡Soy muy desgraciada!
11. La madre de Silveria trabaja mucho. Trabaja desde las ocho de la mañana hasta las seis de la tarde. Por la noche regresa a su casa. (siempre cansada)
Está siempre cansada.
12. La madre de Silveria nació pobre. De niña no tenía la costumbre de reír. Tampoco ríe ahora. (triste)
Es triste.

13. Hace unos pocos días la madre volvió del trabajo y se acostó en su cuarto. (dormida cuando volvió el padre a la casa)
    Estaba dormida cuando volvió el padre a la casa.
14. El padre entró en el cuarto. Había bebido mucho. (borracho)
    Estaba borracho.
15. Empezó a pegarle. (como loco)
    Estaba como loco.
16. Silveria oyó los gritos de su madre y corrió a su cuarto. (asustada y temblaba de pies a cabeza)
    Estaba asustada y temblaba de pies a cabeza.
17. Abrió la puerta. Vio a su madre. (en el piso)
    Estaba en el piso.
18. El padre se encontraba frente a ella. (sentado en una silla con la cabeza entre las manos)
    Estaba sentado en una silla con la cabeza entre las manos.
19. Silveria pensó en su padre. Se dijo: (malo y por eso lo odio)
    —Es malo y por eso lo odio.
20. Pero pensó que se encontraba enfermo. Se dijo: (doloroso verlo así)
    —Es doloroso verlo así.
21. Pensó en su novio perdido y comprendió que casi no tenía a nadie en el mundo. Se dijo: (sola en el mundo)
    —Estoy sola en el mundo.
22. Ayudó a su madre. (herida)
    Estaba herida.
23. Luego volvió a su cuarto y se acostó. Pronto se duerme y ríe dormida. (soñando)
    Está soñando.
24. En su sueño Silveria canta, baila y ríe. El mundo es distinto. La vida es diferente. (bella)
    Es bella.
25. Ella misma no se reconoce cuando sueña. (otra)
    Es otra.

Ejercicio C. *En el ejercicio siguiente aparece una narración incompleta. Complétela de la misma forma que en el ejercicio anterior, usando el verbo* **ser** *o* **estar** *más la palabra o palabras que aparecen en el paréntesis. Cubra las respuestas:*

        Carmen Gómez va al centro. Allí se encuentra con su amiga Matilde García y sus hijos, Noelia y Sergio, a quienes no ve desde hace años.

Carmen: —Pero, Matilde, los años no pasan por ti. (muy bien)
        Estás muy bien.

Matilde: —Tú sigues igual también. No sé cómo te puedes conservar así. (muy bonita y muy joven)
        Estás muy bonita y muy joven.

Carmen: —Tus hijos han crecido mucho. (grandísimos)
        Están grandísimos.

Matilde: —Sí, es verdad. Pero nunca se están tranquilos. (muy malos)
Son muy malos.
Carmen: —Tu hija antes era chiquita. Ahora es otra. (altísima)
Está altísima.
Matilde: —Sí, y Sergio también. (hecho un hombre)
Está hecho un hombre.
Carmen: —Y tu madre. (¿bien?)
¿Está bien?
Matilde: —No. (viejísima)
Está viejísima.
Carmen: —Pero seguirá siendo tan divertida y simpática como antes. (muy alegre)
Era (Es) muy alegre.
Matilde: —No, ha cambiado mucho. (enferma y triste)
Está enferma y triste.
Carmen: —¡No me digas! (¡tan divertida!)
¡Era tan divertida!
Matilde: —(otra)
Es otra.
Carmen: —¿Y tu papá?
Matilde: —Él no ha cambiado nada. (el mismo de siempre)
Es el mismo de siempre.

Ejercicio D. *Use el presente de los verbos* **ser** *o* **estar**. *Cubra las respuestas:*

1. Esa actriz _____ bonita, pero vulgar. 1. es

2. El agua de este río _____ rica en sales minerales. 2. es

3. ¿_____ del Japón esas gallinas japonesas? 3. son

4. La cocinera generalmente cocina mal, pero hoy hizo una comida que _____ exquisita. 4. está

5. La gallina toma agua sucia porque no _____ escrupulosa. 5. es

6. Las gallinas _____ en el gallinero. 6. están

7. El profesor y su esposa fueron a México y aún no _____ de regreso. 7. están

8. Dicen que la comida francesa _____ de las mejores del mundo.   8. es

9. _____ imposible hablar español bien sin practicarlo bastante.   9. es

10. Estos ejercicios no _____ terminados.   10. están

11. ¿De dónde _____ el profesor?   11. es

12. El profesor _____ de Chile, pero desde hace años _____ en los Estados Unidos.   12. es, está

13. ¿_____ viejo el profesor?   13. es

14. No, _____ un hombre de mediana edad.   14. es

15. Entonces, _____ de la edad de mi padre.   15. es

16. Frente al hotel veo unos obreros que _____ de huelga.   16. están

4

4·9 **Ejercicio A.** *Complete con* **qué** *o* **cuál.** *En los casos de uso adjetival, se debe escoger* **qué.** *Cubra las respuestas:*

Los amigos

Paco Peluche se encuentra con unos amigos que están hablando con mucha animación a la puerta de un café.

— ¿ _____1_____ pasa que gritan de ese modo? 1. Qué

— Estamos hablando de Panchín Tortuga.

— Bien, bien, pero ¿ _____2_____ cosa es ese Panchín Tortuga? 2. qué

¿Poeta o electricista?

— ¡Abogado! Recuerdo que en al año 37 se celebró un congreso de

abogados en México y otro en Venezuela. En uno de ellos habló

el ilustre Panchín Tortuga.

— ¿Sí? ¿Y en _____3_____ de ellos habló el viejo Panchín? 3. cuál

— Lo que yo quiero saber es de _____4_____ habló ese 4. qué

analfabeto.

— No sé. Unos dicen que trató de una ley para la protección de los

bosques; otros afirman que trató sobre una ley para la protección

de los moradores del zoológico.

— Bueno, pero ¿ _____5_____ sería el verdadero fondo de su 5. cuál

disertación?

25

— ¡Pero, señores! ¿ _____ pueden esperar ustedes de un analfabeto como Panchín Tortuga? 6. Qué

— Mucho. Él no es tan estúpido como usted quiere hacer ver, amigo Carrasco. ¿ _____ opinión tiene usted del él, Tranquilino? 7. Qué

— Ninguna en particular, pero un día fui a una conferencia en que trató temas jurídicos más profundos: el bien y el mal.

— ¿Jurídicos o filosóficos? ¿ _____ fue su punto de vista? 8. Cuál

— Jurídico.

— ¿Y en último caso, _____ es el bien? ¿ _____ es el mal? 9. qué
10. Qué

— Sí, ¿ _____ es la diferencia entre una cosa y la otra? 11. cuál

— ¡Tonterías! Para mí la diferencia entre el bien y el mal es la misma que la existente entre el hombre y el chacón.

— ¿ _____ significa chacón, si se puede saber? 12. Qué

— Lagarto (*lizard*) de las Filipinas.

— Usted siempre con sus bromas, amigo Carrasquillas. Pero, hablando en serio, entre una cosa y la otra, ¿ _____ prefiere usted? 13. cuál

— ¿De _____ cosa habla usted? 14. qué

La pregunta queda sin respuesta porque ven que Panchín Tortuga se acerca.

— ¿ _____ tiene en la mano? 15. Qué
     15

— Un artefacto.

— Parece preocupado.

— ¿ _____ parece preocupado? ¿El artefacto? 16. Qué
     16

— ¡No, por Dios!

   Panchín Tortuga se acerca al grupo.

— ¿ _____ le pasa, amigo Tortuga? 17. Qué
     17

— Mucho. En primer lugar, un ladrón trató de robarme este figle.

— ¿Este _____ ? 18. qué
        18

— Figle.

— ¿Y _____ diablos es un figle? 19. qué
      19

— ¿Pero no lo ve? Es un instrumento musical.

   Estoy aprendiendo a tocarlo. Al doblar la esquina de la calle

   Tejadillo un ladrón trató de quitármelo.

— ¿Y _____ hizo usted? 20. qué
      20

— Llamé a un policía y le pegamos con el figle.

— Pero, ¿ _____ de los dos le pegó? ¿Usted o el policía? 21. cuál
         21

— Ambos.

— ¿ _____ más le pasó? 22. Qué
     22

— Después fui a un banquete donde, por cierto, me encontré con

   unos amigos suyos, Tranquilino.

— ¿ _____ amigos? 23. Qué
     23

— Tiburcio Ozores y... ¿ _____ de sus amigos usa peluca? 24. cuál
                          24

— Calvino.

— Ése es, Calvino. El caso fue que sirvieron cangrejos y langostas (*lobsters*) y ahora tengo un terrible dolor de estómago.

— Siendo usted un abogado tan ilustre, sabrá delimitar la línea divisoria entre el bien y el mal. ¿ _____ de los dos ha sido la causa de sus penas? ¿El cangrejo o la langosta? 25. Cuál

— Sí, ¿ _____ ? 26. cuál

— No estoy por sentar a los cangrejos y las langostas en el banquillo de los acusados. Ninguno de ellos es un criminal, aunque representan la muralla que se opone a mi felicidad.

— A propósito, ¿ _____ es *La muralla*? ¿Una novela o una película? 27. Qué

— Una obra dramática, señor Peraza.

— Mi pregunta es, ¿ _____ hago para que se me quiten estos dolores tan terribles? 28. qué

— Tome caldo (*broth*) de Chachalaca.

— ¿Chachalaca? ¿ _____ significa esa palabreja? 29. Qué

— Según el Larousse, que es tan útil, se trata de un tipo de gallina mexicana.

— Ustedes no le dan la solución a nada. ¿ _____ es el camino más corto para la farmacia? 30. Cuál

— Hay una farmacia en la Calle Real y otra en la Calle de los Desamparados. ¿ _____ le resulta mejor? 31. Cuál

— ¿ _____ queda más cerca?　　　　　　　　　　32. Cuál
　　　　32

— La de los Desamparados siempre está más cerca.

— Entonces me voy volando para allá. Adiós.

— Hasta la vista.

　　Panchín Tortuga se va para la farmacia. Los amigos siguen hablando.

— ¿ _____ opinan ustedes? ¿Se curará o se sentirá peor?　　33. Qué
　　　　33

— Yo no opino nada. ¿ _____ de nosotros puede　　34. Cuál
　　　　　　　　　　　　　　34

adivinar el futuro? ¿ _____ puede leer el destino de　　35. Cuál
　　　　　　　　　　35

los hombres en las estrellas?

— ¿De _____ estrellas habla usted? Si no hay ninguna.　　36. qué
　　　　36

Es de día.

Ejercicio B. *Complete con* **qué** *o* **cuál**. *En los casos de uso adjetival, se debe escoger* **qué**. *Cubra las respuestas:*

1. Tú tienes la dirección de la profesora de español. ¿ _____　　1. Cuál

　　es?

2. — Figúrate, al doblar la esquina vi a un hombre con una navaja

　　tratando de matar a una mujer.

　　— ¿Y _____ hiciste?　　　　　　　　　　　　　　　2. qué

3. — Ya ves la clase de hombre que es. Ningún hombre honrado

　　hace una cosa como ésa con el propósito de obtener una

　　posición social.

　　— Pero, dime, mujer, ¿ _____ ha hecho?　　　　　　3. qué

4. Siempre me estaba diciendo: «te amo», «te amo», «te amo»; hasta que me volví y le pregunté: «¿ _____ es el amor?»   4. Qué

5. ¿ _____ es la línea que divide lo moral de lo inmoral?   5. Cuál

6. Ya te expliqué lo que dijo y lo que hizo, ¿ _____ más necesitas saber para formarte una opinión definitiva?   6. qué

7. He leído todo el artículo, pero no acabo de entenderlo. Me podría explicar usted _____ son los principales puntos de vista del autor.   7. cuáles

8. ¿ _____ tíos acaban de llegar? ¿Los hermanos de su madre o los de su padre?   8. Qué

9. Mi profesor de economía me dice que Dios no existe. Mi profesor de filosofía dice que existe. ¿ _____ tiene la razón?   9. Cuál

10. El niño está muy caliente. ¿ _____ fiebre tiene?   10. Qué

11. Señor profesor, entre todas las faltas que yo cometo, ¿ _____ considera usted la más grave?   11. cuál

12. ¿Podría usted decirme _____ es el camino más corto para llegar a la universidad?   12. cuál

13. — Me gusta esa gárgola.

    — ¿Y _____ es una gárgola?   13. qué

14. — Pásame el plato.

    — ¿ _____ quieres? ¿El de carne o el de pescado?   14. Cuál

15. ¿ _____ de los dos mató a la joven? 15. Cuál

16. ¿ _____ hora tiene el reloj de la cocina? Éste no 16. Qué

    anda bien.

17. Traté de hacerle ver que lo amaba con locura. Pero él estaba

    ciego. Yo me preguntaba _____ más podía hacer. 17. qué

18. He leído la obra con interés y cuidado, pero ¿ _____ 18. cuál

    es el punto de vista del autor con respecto a la guerra?

19. Niña, ¿por qué me ocultas ese papel? ¿ _____ hay 19. Qué

    en él que no deba saber tu madre?

20. — La guerra contra el nazismo tuvo un significado más amplio.

    — ¿ _____ significado? 20. Qué

5

5·17 **Ejercicio A.** *Cambie las siguientes oraciones o párrafos del presente al pasado. Use adecuadamente el pretérito y el imperfecto. Cubra la respuesta:*

(*Una acción está en proceso y otra la interrumpe.*)

Adán duerme profundamente, cuando Eva lo despierta.
→ Adán dormía profundamente, cuando Eva lo despertó.
Cuando el padre abre la puerta, la madre le está contando una historia al niño.
→ Cuando el padre abrió la puerta, la madre le estaba contando una historia al niño.
En el momento en que Eva entra y lo llama, Adán hace una mesa en su taller.
→ En el momento en que Eva entró y lo llamó, Adán hacía una mesa en su taller.
Mientras Eva interroga a Adán, llega la serpiente y termina la conversación.
→ Mientras Eva interrogaba a Adán, llegó la serpiente y terminó la conversación.
Cuando la llamo a mi lado, mi madre está preparando la comida.
→ Cuando la llamé a mi lado, mi madre estaba preparando la comida.
Piso una piedra y caigo al suelo, mientras cruzo el parque.
→ Pisé una piedra y caí al suelo, mientras cruzaba el parque.
La muchacha lee una carta del novio, en el instante en que su padre la toma de sus manos y la rompe.
→ La muchacha leía una carta del novio, en el instante en que su padre la tomó de sus manos y la rompió.
El joven estudia la lección; de repente, cierra el libro y sale de la biblioteca.
→ El joven estudiaba la lección; de repente, cerró el libro y salió de la biblioteca.
En el momento en que se prepara para salir a la calle, comienza a nevar.
→ En el momento en que se preparaba para salir a la calle, comenzó a nevar.
En el instante en que los novios se besan, la madre les da un grito para separarlos.
→ En el instante en que los novios se besaban, la madre les dio un grito para separarlos.
Mientras me besa Eva, yo me levanto inesperadamente.
→ Mientras me besaba Eva, yo me levanté inesperadamente.
La joven se pasea tranquilamente, pero de repente sus padres la llaman.
→ La joven se paseaba tranquilamente, pero de repente sus padres la llamaron.
En el instante en que el niño juega alegremente, empieza a llover.
→ En el instante en que el niño jugaba alegremente, empezó a llover.
Hasta que se produce el choque, pasea en su automóvil sin preocupaciones.
→ Hasta que se produjo el choque, paseaba en su automóvil sin preocupaciones.
Su esposa lo despierta, en el momento en que sueña con una bella joven.
→ Su esposa lo despertó, en el momento en que soñaba con una bella joven.

Mientras el ladrón abre la puerta para robar, el policía lo ve, le da un golpe en la cabeza y luego lo arresta.

⟶ Mientras el ladrón abría la puerta para robar, el policía lo vio, le dio un golpe en la cabeza y luego se lo llevó preso.

En aquel instante en que el estudiante imita al profesor, éste abre la puerta e interrumpe la diversión de la clase.

⟶ En aquel instante en que el estudiante imitaba al profesor, éste abrió la puerta e interrumpió la diversión de la clase.

El profesor explica su lección gramatical claramente, pero la pregunta de un alumno lo interrumpe.

⟶ El profesor explicaba su lección gramatical claramente, pero la pregunta de un alumno lo interrumpió.

(O se enfoca nada más que el centro de la acción, o se enfoca la totalidad o el comienzo.)

El Cid Campeador, héroe castellano semilegendario, nace en 1043, pero no toma parte en su primera batalla hasta 1063. No lucha contra los moros en dicha batalla, sino que combate contra el primer rey cristiano de Aragón. Muchas veces en aquellos tiempos, los moros y los cristianos hacen alianzas y luchan juntos. En esta primera batalla del Cid muere el rey de Aragón.

⟶ El Cid Campeador, héroe castellano semilegendario, nació en 1043; pero no tomó parte en su primera batalla hasta 1063. No luchó contra los moros en dicha batalla, sino que combatió contra el primer rey cristiano de Aragón. Muchas veces en aquellos tiempos, los moros y los cristianos hacían alianzas y luchaban juntos. En esta primera batalla del Cid murió el rey de Aragón.

En 1063, dos años antes de su muerte, Fernando I, rey de Castilla y de León, divide su reino entre sus hijos Alfonso y Sancho. La división del reino da lugar a un gran conflicto entre los hermanos. Después de varios años de lucha, un caballero de Zamora, Bellido Dolfos, sorprende y mata a Sancho, rey de Castilla. Alfonso, que en aquel tiempo es rey de León, se queda inmediatamente con ambos reinos. Pero los castellanos no están contentos. No creen en la inocencia de Alfonso y no quieren un rey criminal. El Cid, que representa el espíritu del pueblo de Castilla, obliga al futuro rey a jurar su inocencia el día de su coronación.

⟶ En 1063, dos años antes de su muerte, Fernando I, rey de Castilla y de León, dividió su reino entre sus hijos Alfonso y Sancho. La división del reino dio lugar a un gran conflicto entre los hermanos. Después de varios años de lucha, un caballero de Zamora, Bellido Dolfos, sorprendió y mató a Sancho, rey de Castilla. Alfonso, que en aquel tiempo era rey de León, se quedó inmediatamente con ambos reinos. Pero los castellanos no estaban contentos. No creían en la inocencia de Alfonso y no querían un rey criminal. El Cid, que representaba el espíritu del pueblo de Castilla, obligó al futuro rey a jurar su inocencia el día de su coronación.

En 1469, Isabel, reina de Castilla, se casa con Fernando, rey de Aragón. Los moros aún ocupan España y los españoles desean la completa unificación del reino. Pero no es sino hasta el año 1492 cuando los Reyes Católicos logran la completa unificación de España.

⟶ En 1469, Isabel, reina de Castilla, se casó con Fernando, rey de Aragón. Los moros aún ocupaban España y los españoles deseaban la completa unificación del reino.

Pero no fue sino hasta el año 1492 cuando los Reyes Católicos lograron la completa unificación de España.

En 1492 hace Colón su primer viaje y descubre América. Con anterioridad a la llegada de los españoles, los indios viven más o menos libremente, aunque desconocen muchos adelantos del viejo mundo. Sin embargo, existen algunas civilizaciones indígenas, como la de los aztecas y la de los incas, con un notable grado de progreso. Ya que los indios tienen otras creencias religiosas, los españoles durante muchos años tratan de convertirlos al catolicismo.

→ En 1492 hizo Colón su primer viaje y descubrió América. Con anterioridad a la llegada de los españoles, los indios vivían más o menos libremente, aunque desconocían muchos adelantos del viejo mundo. Sin embargo, existían algunas civilizaciones indígenas, como la de los aztecas y la de los incas, con un notable grado de progreso. Ya que los indios tenían otras creencias religiosas, los españoles durante muchos años trataron de convertirlos al catolicismo.

Carlos V nace en Gante (*Ghent*) en 1500 y muere en Extremadura en 1558. De niño habla francés y flamenco; pero no habla español. En 1516 llega a España, pero no sabe hablar español todavía. Él tiene alrededor una corte que está formada principalmente por extranjeros. Por eso, los castellanos protestan y se levantan en armas en el año 1520.

→ Carlos V nació en Gante en 1500 y murió en Extremadura en 1558. De niño hablaba francés y flamenco; pero no hablaba español. En 1516 llegó a España, pero no sabía hablar español todavía. Él tenía alrededor una corte que estaba formada principalmente por extranjeros. Por eso, los castellanos protestaron y se levantaron en armas en el año 1520.

En el año 1570 empieza Cervantes su carrera militar. En 1571 toma parte en la batalla de Lepanto. En esa fecha pierde el uso de la mano izquierda pero gana mayor gloria para su mano derecha.

→ En el año 1570 empezó Cervantes su carrera militar. En 1571 tomó parte en la batalla de Lepanto. En esa fecha perdió el uso de la mano izquierda pero ganó mayor gloria para su mano derecha.

Lope de Vega nace, vive y muere en Madrid; aunque por algún tiempo también vive fuera de la ciudad de su nacimiento. A los cinco años ya lee y habla latín. En 1574 escribe su primera comedia, aunque sólo tiene 12 años de edad. Con respecto a su carácter, Lope es apasionado y ama intensamente; pero al mismo tiempo, tiene grandes contradicciones y cree con profunda religiosidad. En el año 1614 decide controlar sus pasiones y se hace sacerdote. Desde entonces vive más tranquilamente hasta su muerte en 1635.

→ Lope de Vega nació, vivió y murió en Madrid; aunque por algún tiempo también vivió fuera de la ciudad de su nacimiento. A los cinco años ya leía y hablaba latín. En 1574 escribió su primera comedia, aunque sólo tenía 12 años de edad. Con respecto a su carácter, Lope era apasionado y amaba intensamente; pero, al mismo tiempo, tenía grandes contradicciones y creía con profunda religiosidad. En el año 1614 decidió controlar sus pasiones y se hizo sacerdote. Desde entonces vivió más tranquilamente hasta su muerte en 1635.

José Martí es un patriota cubano. Dedica toda su vida a la lucha por la independencia y por eso tiene que pasar largos años fuera de su país. Expresa sus ideas brillantemente, escribe con un bello estilo; y los discursos que pronuncia, cuando recorre diferentes países en su patriótica misión, comunican sus conceptos con emoción. En el año 1895 vuelve a las playas cubanas y el pueblo cubano comienza en esa fecha la Guerra de Independencia.

→ José Martí fue un patriota cubano. Dedicó toda su vida a la lucha por la independencia y por eso tuvo que pasar largos años fuera de su país. Expresaba sus ideas brillantemente, escribía con un bello estilo; y los discursos que pronunciaba, cuando recorría diferentes países en su patriótica misión, comunicaban sus conceptos con emoción. En el año 1895 volvió a las playas cubanas y el pueblo cubano comenzó en esa fecha la Guerra de Independencia.

Ejercicio B. *A continuación encontrará usted un diálogo con las correspondientes claves léxicas para formar las respuestas. Utilice en las respuestas las formas del pretérito y el imperfecto correspondientes. Haga el ejercicio después de cubrir las respuestas correctas con una tarjeta. Para mayor efectividad, primero haga el ejercicio oralmente y después por escrito:*

1. ¿Dónde estudió usted español?
   aprenderlo / escuela secundaria / durante / último año / y / generalmente / asistir / clases / todos los días.

   _____

   _____

   Lo aprendí en la escuela secundaria durante el último año y, generalmente, asistía a clases todos los días.

2. ¿Cómo era su maestra?
   tener / bueno / maestra / pero yo / no estudiar / diariamente

   _____

   Tenía una buena maestra, pero yo no estudiaba diariamente.

3. ¿Cómo no estudiaba si asistía a clases?
   en aquella época / ir / clases / pero / no escuchar / profesora

   _____

   _____

   En aquella época, iba a clases; pero no escuchaba a la profesora.

4. ¿En qué otro lugar aprendió español?
   estudiarlo / Chile / 1963 / pero / aprender / más / en / calle / que / la escuela

   _____

   _____

   Lo estudié en Chile en 1963; pero aprendí más en la calle que en la escuela.

5. ¿Qué le enseñaron en la calle?
   por ejemplo / día / aprender / decir / «Perro que ladra no muerde.»

   _____

   _____

   Por ejemplo, un día aprendí a decir: «Perro que ladra no muerde.»
6. ¿Conjugó usted el verbo *ladrar* en la clase?
   sí / día siguiente / conjugarlo / pero / no morder / nadie.

   _____

   _____

   Sí, al día siguiente lo conjugué, pero no mordí a nadie.
7. ¿Se rieron sus compañeros ese día?
   reírse / mucho / porque / yo conjugar / *ladrar* y *morder* / casi al mismo tiempo

   _____

   _____

   Se rieron mucho porque yo conjugué *ladrar* y *morder* casi al mismo tiempo.
8. ¿Qué hacía la maestra mientras tanto?
   maestra / reírse / también / pero / inesperadamente / dejar / reír / y toda / clase / hacer / silencio / al instante

   _____

   _____

   La maestra se reía también; pero inesperadamente dejó de reír, y toda la clase hizo silencio al instante.
9. ¿Tenía usted muchos amigos chilenos?
   tener / mucho / amigos / chileno / y frecuentemente / salir juntos / y todos / divertirnos

   _____

   _____

   Tenía muchos amigos chilenos, y frecuentemente salíamos juntos y todos nos divertíamos.
10. ¿Y tenía amigas chilenas?
    también / salir / muchas / vez / jóvenes chilenas / y / un día / invitar / uno / de ellas / cine

    _____

    _____

También salía muchas veces con jóvenes chilenas y un día invité a una de ellas al cine.
11. ¿Cómo era ella?
ser / muy / bonito / y / hablar / con / voz / muy dulce / agradable

Era muy bonita y hablaba con una voz muy dulce y agradable.
12. ¿La fue a buscar a su casa para ir al cine?
sí / llegar / casa / llamar / puerta / y / señor / muy serio / abrirla / inmediatamente

Sí, llegué a su casa, llamé a la puerta y un señor muy serio la abrió inmediatamente.
13. ¿Cómo se sentía usted al llegar a la casa de ella?
sentirme / muy contento / feliz / hasta que / ver / cara / su padre

Me sentía muy contento y feliz hasta que vi la cara de su padre.
14. ¿Vio usted a la madre esa noche?
conocerla / minutos después

La conocí minutos después.
15. ¿Conoció a alguien más de la familia?
Sí / después / ver / a su / tres / linda / hermanita

Sí, después vi a sus tres lindas hermanitas.
16. ¿Hablaron mucho con usted?
No / hablar / mucho / pero / yo notar / toda / familia / estar / vestido / salir

No hablaron mucho pero yo noté que toda la familia estaba vestida para salir.
17. ¿Dónde estaba su amiga?
estar / su cuarto / donde / vestirse / peinarse / y / mirarse / al espejo / con toda su calma

Estaba en su cuarto, donde se vestía, se peinaba y se miraba al espejo con toda su calma.

18. ¿Cuándo apareció ella?
    estar yo / poco incómodo / silla / duro / y cuando / joven / abrir / puerta / levantarme

    _____

    Estaba yo un poco incómodo en una silla dura y cuando la joven abrió la puerta me levanté.

19. ¿Qué hicieron después?
    salir / calle / llegar / cine / y yo / pagar / entrada / toda / familia

    _____

    Salimos a la calle, llegamos al cine y yo pagué la entrada de toda la familia.

20. ¿Vio a la joven otra vez?
    verla / día siguiente / después / verla / todas / tardes

    _____

    La vi al día siguiente y después la veía todas las tardes.

21. ¿Por qué?
    porque / enamorarme / ella / casarnos / y salir / Chile / 1963

    _____

    Porque me enamoré de ella, nos casamos y salimos de Chile en 1963.

Ejercicio C. *Complete la siguiente historia con el pasado del verbo* **ser.** *Use la forma correcta de acuerdo con las indicaciones del texto.* **(5.7).** *Cubra las respuestas que aparecen al margen. Para mayor efectividad, haga el ejercicio primero oralmente y después por escrito:*

Todos los días iba en aquel tren y contemplaba con cansancio los

secos campos de Castilla. _____ (1) un viaje lento y

aburrido. Pero aquel día, cuando la vio por primera vez, todo   (1) era

_____ (2) diferente. Lo que sintió _____ (3) algo extraño que lo confundió de forma inesperada.

(2) fue

(3) fue

Ella aparecía rodeada de luz. Había visto rostros semejantes, mujeres más bonitas. Pero cuando la contempló allí, alta y delgada, distinta, _____ (4) como si nunca hubiera conocido a ninguna otra mujer.

(4) fue

La vida no había sido alegre para él. Lo que ocurrió aquel día, cuando ella subió al tren, _____ (5) un verdadero milagro. Al menos, eso pensó él.

(5) fue

Sin embargo...

¿Había sido bella alguna vez? El tiempo pasó y él comenzó a hacerse esa pregunta. Cuando la veía todas las mañanas, se decía que ya no _____ (6) la misma. _____ (7) un rostro vulgar y cansado, sin gracia. Y pensaba que siempre había sido fea y que sólo _____ (8) bella en aquel instante, aquella vez.

(6) era

(7) era

(8) fue

Ella también lo contemplaba y se hacía las mismas preguntas. ¿_____ (9) el mismo hombre? ¿Por qué había pensado, cuando lo conoció, que _____ (10) un hombre diferente cuando en realidad _____ (11) como todos los demás?

(9) era

(10) era

Cuando el milagro se produjo (porque ella también había pensado

(11) era

39

que se trataba de un milagro) _____ (12), por un momento, un hombre diferente.

(12) fue

Vivían en un cuarto oscuro, sin ventanas casi, donde nunca entraba un rayo de sol. Día tras día, _____ (13) una sombra lo que ella veía. También _____ (14) una sombra lo que veía él. Por eso, entre las sombras, él pensaba: «Cuando la vi por primera vez, no _____ (15) un milagro.» Y ella agregaba sin mover sus labios: «Los rayos del sol _____ (16) demasiado fuertes. No lo vi bien. _____ (17) la luz.»

(13) era
(14) era
(15) fue
(16) eran
(17) fue

Ejercicio D. *Cambie las oraciones del presente al pasado. Use adecuadamente el pretérito y el imperfecto de acuerdo con las ideas sugeridas en el paréntesis al final de cada oración. No es necesario que haga ningún cambio en las palabras que aparecen en el paréntesis. Cubra las respuestas:*

1. Eva tiene que comer la manzana. (Pero no la ha comido todavía.)
   Eva tenía que comer la manzana.
2. Eva puede engañar a Adán. (Lo engaña porque Adán es obtuso.)
   Eva pudo engañar a Adán.
3. El alumno sabe todas las respuestas. (Y contesta en la clase.)
   El alumno supo todas las respuestas.
4. Eva tiene que comer la manzana. (La serpiente se la da y Eva la come.)
   Eva tuvo que comer la manzana.
5. Eva tiene que comprar vestidos nuevos. (Los necesita, pero no tiene dinero.)
   Eva tenía que comprar vestidos nuevos.
6. Adán sabe hacer una mesa. (Descubre cómo se hace y la hace.)
   Adán supo hacer una mesa.
7. El alumno sabe todas las respuestas. (Pero no desea contestar.)
   El alumno sabía las respuestas.
8. Puedo abrir la ventana con mucho trabajo. (Trato de hacerlo y al fin lo hago.)
   Pude abrir la ventana con mucho trabajo.
9. Tengo que salir de ese cuarto oscuro. (Pero no deseo hacerlo y me queda más tiempo.)
   Tenía que salir de ese cuarto oscuro.

10. Eva puede engañar a Adán. (Cuando quiere, pero no siempre lo hace.)
    Eva podía engañar a Adán.
11. El profesor no puede mantener la disciplina. (Aunque trata de mantenerla.)
    El profesor no pudo mantener la disciplina.
12. Adán sabe hacer una silla. (Pero le falta tiempo y nunca la termina.)
    Adán sabía hacer una silla.
13. Eva tiene que comprar vestidos nuevos. (Y los compra porque no tiene ninguno.)
    Eva tuvo que comprar vestidos nuevos.
14. El profesor puede mantener la disciplina. (Tiene éxito en mantenerla.)
    El profesor pudo mantener la disciplina.
15. Tenemos que ir a la universidad. (Y lo hacemos porque empiezan las clases.)
    Tuvimos que ir a la universidad.
16. Tengo que salir de ese cuarto oscuro. (Y lo hago para poder leer.)
    Tuve que salir de ese cuarto oscuro.
17. Tenemos que ir a la universidad. (Pero somos malos alumnos y no vamos.)
    Teníamos que ir a la universidad.

5·18 *Cámbiense las frases siguientes del estilo directo al indirecto, o del estilo indirecto al directo, según los modelos. Cubra las respuestas:*

MODELOS: Adán preguntó por qué comía las manzanas del árbol.
— ¿Por qué comes las manzanas del árbol? — preguntó Adán.

— Las como porque me gustan — contestó Eva.
Eva contestó que las comía porque le gustaban.

«Ella tiene una explicación para todo», pensó él.
Pensó que tenía una explicación para todo.

—¿Por qué comiste la manzana? — le preguntó un amigo a Adán.
Un amigo le preguntó a Adán por qué había comido la manzana.

1. «Me gusta estar solo», pensó Adán.
   Adán pensó que le gustaba estar solo.
2. Eva dijo que iban a tener muchos hijos.
   — Vamos a tener muchos hijos — dijo Eva.
3. Adán preguntó por qué iban a tener muchos hijos.
   — ¿Por qué vamos a tener muchos hijos? — preguntó Adán.
4. — Los hijos juegan y divierten a los padres — explicó ella.
   Explicó que los hijos jugaban y divertían a los padres.
5. — ¿Te parece una buena idea tener tantos muchachos? — preguntó Adán.
   Adán preguntó si le parecía una buena idea tener tantos muchachos.
6. — Un hogar sin niños es como un jardín sin flores — afirmó Eva.
   Eva afirmó que un hogar sin niños era como un jardín sin flores.
7. — Tengo mis dudas — opinó él.
   Opinó que tenía sus dudas.

8. La mujer interrogó por qué pensaba tal cosa.
   — ¿Por qué piensas tal cosa? — interrogó la mujer.
9. — ¡Yo no quiero tantos niños alrededor! — gritó con desesperación.
   Gritó con desesperación que no quería tantos niños alrededor.
10. — ¿No puedes hablar sin gritar tanto? — preguntó Eva.
    Eva preguntó si no podía hablar sin gritar tanto.
11. — Los niños sólo traen problemas — advirtió el hombre.
    El hombre advirtió que los niños sólo traían problemas.
12. — No creo en esas ideas prácticas — razonó Eva.
    Eva razonó que no creía en esas ideas prácticas.
13. — Lo sé muy bien — contestó él.
    Contestó que lo sabía muy bien.
14. Agregó que por su culpa ya no estaban en el paraíso.
    — Por tu culpa ya no estamos en el paraíso — agregó.
15. — No comprendo cómo puedes decir tal cosa — murmuró Eva.
    Eva murmuró que no comprendía cómo podía decir tal cosa.
16. Él preguntó si iba a culpar a la serpiente otra vez.
    — ¿Vas a culpar a la serpiente otra vez? — preguntó él.
17. —Está bien; no culpo a nadie, me culpo a mí misma — confesó finalmente.
    Confesó finalmente que estaba bien, que no culpaba a nadie, que se culpaba a sí misma.
18. — Lo siento, pues no deseo hacerte sufrir — dijo Adán.
    Adán dijo que lo sentía pues no deseaba hacerla sufrir.
19. — De todos modos, tú puedes hacer una camita muy bonita para el niño — decidió Eva con una voz muy dulce.
    Eva decidió con una voz muy dulce, que de todos modos él podía hacer una camita muy bonita para el niño.
20. «Eva gana otra vez», pensó Adán.
    Adán pensó que Eva ganaba otra vez.
21. — ¿Por qué comiste la manzana? — le preguntó un amigo a Adán.
    Un amigo le preguntó a Adán por qué había comido la manzana.
22. — Eva me la dio — contestó Adán.
    Adán contestó que Eva se la había dado.
23. — Ese Adán come mucho — dijeron todos.
    Todos dijeron que ese Adán comía mucho.
24. Una señora afirmó que Eva sólo le había dado una manzana.
    — Eva sólo le dio una manzana — afirmó una señora.
25. — Eso lo dijo Eva — opinó un hombre.
    Un hombre opinó que eso lo había dicho Eva.
26. — Eva no dijo la verdad porque todas las mujeres son unas mentirosas — afirmaron todos los hombres.
    Todos los hombres afirmaron que Eva no había dicho la verdad porque todas las mujeres eran unas mentirosas.
27. La señora murmuró que las damas siempre tenían la razón.
    — Las damas siempre tienen la razón — murmuró la señora.

EJERCICIO DE REPASO: ¿QUÉ? VERSUS ¿CUÁL?

Complete con **qué** *o* **cuál**. *En los casos de uso adjetival, emplee* **qué**. *Cubra las respuestas:*

1. ¿_____ de tus amigos es el médico? — 1. cuál

2. El de la barba. ¿Por qué? ¿_____ tienes? — 2. qué

3. Un resfriado. ¿Sabes _____ medicinas acostumbra recetar para el resfriado? — 3. qué

4. Depende de _____ sean los síntomas particulares. — 4. cuáles

   ¿_____ síntomas tienes? — qué

5. ¿_____ síntomas debo tener? Me duele la cabeza, la garganta, y . . . ¿_____ importancia tiene eso? Un resfriado es un resfriado. — 5. qué / qué

6. ¿_____ es la importancia, me preguntas? ¿No sabes, amigo mío, que hay muchas clases de resfriado? — 6. cuál

   ¿_____ hacías el año pasado cuando estudiábamos todo esto en la clase de ciencia? — qué

7. Pero, ¿_____ es el propósito de esta discusión? Estoy enfermo y quiero ir al médico. ¿_____ es el apellido de tu amigo? — 7. cuál / cuál

8. Se llama Felipe Matasanos. ¿En _____ más puedo ayudarte? — 8. qué

9. Puedes decirme _____ es la dirección de su consultorio. — 9. cuál

10. Está en la Calle 42, número 739. Pero yo te llevo. ¿_____ es tu coche? — 10. cuál

11. Está allí, a la izquierda. Ese Volvo. Pero, ¿ _____ ha pasado con el tuyo?   11. qué

12. ¿ _____ no ha pasado?, debes preguntar. Hace tiempo que no marcha bien.   12. qué

13. ¿ _____ son las reparaciones que necesita?   13. cuáles

14. El carburador, la batería, los frenos. . . . ¿ _____ son las reparaciones que no necesita? Casi un nuevo motor.   14. cuáles

15. ¿ _____ marca es?   15. qué

16. Es un Ford, modelo T, del año 22. ¿ _____ me dices? ¿No fue ése un buen año?   16. qué

17. ¡Hombre! Con un Ford antediluviano, ¿ _____ esperas? Lo que te hace falta es un nuevo auto.   17. qué

18. Tal vez compre uno. ¿ _____ me dijiste antes? ¿ _____ es la marca de este auto tuyo?   18. qué
    cuál

19. Es un Volvo. Pero, ¿en _____ estás pensando? No quieres otro Ford. ¿ _____ son tus ideas sobre los nuevos modelos?   19. qué
    cuáles

20. ¿ _____ pienso sobre ellos? Que no los hacen como antes. ¿ _____ opinas tú?   20. qué
    qué

21. Estoy de acuerdo. Pero, hombre, ¿ _____ pasa? ¿No vamos a llegar nunca a ese médico?   21. qué

6

6·14 Ejercicio A. *Fórmense frases con los siguientes elementos léxicos. Cubra las respuestas correctas. Para mayor efectividad, primero haga el ejercicio oralmente y después por escrito:*

MODELOS: (*con el verbo en presente*)
biblioteca / cerrar / cinco
La biblioteca se cierra a las cinco.

(*con el verbo en pretérito*)
ayer / empleados / cerrar / puertas / tres
Ayer los empleados cerraron las puertas a las tres.

(*Use el verbo en presente.*)

1. jóvenes / bañar / playa

   Los jóvenes se bañan el la playa.
2. criada / bañar / niño

   La criada baña al niño.
3. profesor / retirar / su cuarto

   El profesor se retira a su cuarto.
4. muchachas / bonito / entusiasmar / jóvenes

   Las muchachas bonitas entusiasman a los jóvenes.
5. aire / secar / ropa

   El aire seca la ropa. (O: En el aire se seca la ropa.)
6. ingleses / acostar / por necesidad

   Los ingleses se acuestan por necesidad.

7. madre / acostar / niño / auto

   La madre acuesta al niño en el auto.
8. jóvenes / entusiasmar / en / fiestas / cuando / ver / muchachas / bonito

   Los jóvenes se entusiasman en las fiestas cuando ven muchachas bonitas.
9. enfermos / sentar / y / esperar / hospital

   Los enfermos se sientan y esperan en el hospital.
10. puertas / oficinas / abrir / ocho / y / cerrar / cinco

    Las puertas de la oficina se abren a las ocho y se cierran a las cinco.
11. abuela / aburrir / a toda / familia

    La abuela aburre a toda la familia.
12. olas (*waves*) / mover / constantemente

    Las olas se mueven constantemente.

(*Use el verbo en pretérito.*)

13. mar / mover / botes / lejos / costa

    El mar movió los botes lejos de la costa.
14. cansado empleado / cerrar / ojos / y / dormir

    El cansado empleado cerró los ojos y se durmió.
15. campeón (*champion*) / detener / en su carrera

    El campeón se detuvo en su carrera.
16. público / aburrir / teatro / aquel / noche

    El público se aburrió en el teatro aquella noche.

17. invitados / sentar / mesa

   Los invitados se sentaron a la mesa.
18. chofer / sentar / pasajeros / ómnibus

   El chofer sentó a los pasajeros en el ómnibus.
19. madre / cubrir / niños / la sábana (*the sheet*)

   La madre cubrió a los niños con la sábana.
20. dependiente / romper / botella / vino

   El dependiente rompió la botella de vino.
21. señora / retirar / salchichas / mesa

   La señora retiró las salchichas de la mesa.
22. ella / lavar / ropa / ayer

   Ella lavó la ropa ayer.
23. madre / dormir / niño / sus brazos

   La madre durmió al niño en sus brazos.
24. señoras / cubrir / causa / sol

   Las señoras se cubrieron a causa del sol.

Ejercicio B. *Cubra la línea c con una tarjeta. Luego, para contestar a la pregunta de la línea a, lea la línea b, completándola con la forma verbal correcta. Use el mismo verbo que aparece en la pregunta. Después, mire la línea c para ver si contestó bien. Para mayor efectividad, primero haga el ejercicio oralmente y después por escrito:*

MODELOS: a. ¿Cuándo se enojan sus padres?
          b. Cuando yo _____ , _____ a mis padres también.
          c.   me enojo   enojo

a. ¿Se levantaron ustedes a las siete?
b. _____ a las siete y mis padres _____ a la misma hora.
c. Nos levantamos   se levantaron

1. ¿A quién levanta la muchacha?

   La muchacha _____ y después _____ a su hermanito.
              se levanta   levanta

2. ¿A quién acostó la madre?

   La madre _____ a su hijo y después _____ ella.
          acostó   se acostó

3. ¿Quién se sienta en la oficina del médico?

   El médico _____ y el enfermo _____ también.
         se sienta   se sienta

4. ¿Quién se vistió para la fiesta?

   La joven _____ para la fiesta y su novio _____ también.
         se vistió   se vistió

5. ¿Cuándo se despiertan madre e hijo?

   La madre _____ temprano, pero _____ tarde a su hijo.
         se despierta   despierta

6. ¿A quién mira la señora?

   La señora _____ a su esposo, éste _____ a la bella señorita y ésta _____ en el espejo.
           mira   mira
      se mira

7. ¿Quiénes se cubren en la iglesia?

   Las mujeres _____ en la iglesia, pero los hombres no _____ .
          se cubren   se cubren

8. ¿Qué cree el profesor?

   El _____ que los alumnos son inteligentes, pero no _____ que son estudiosos.
      cree   cree

9. ¿Qué dicen los médicos del resfriado?

   Los médicos no _____ nada, pero yo _____ a mí mismo que es importante.
             dicen   me digo

10. ¿Quién no se cansó de preguntar?

   El profesor no _____ de preguntar, pero yo sí _____ de contestar.
                   se cansó   me cansé

11. ¿Cree usted en los médicos?

   Yo no _____ en los médicos, pero ellos _____ importantes.
              creo   se creen

12. ¿Siente usted el olor a salchichas?

   Ya no _____ el olor, pero _____ enfermo cada vez que las huelo.
             siento   me siento

13. ¿A qué hora se despertaron los niños?

   _____ temprano y _____ a los vecinos también.
     Se despertaron   despertaron

14. ¿A quién convenció ese famoso político?

   Sólo _____ a sí mismo; no _____ al pueblo.
        se convenció   convenció

15. ¿Qué presentó el famoso médico?

   Primero el famoso médico _____ a sí mismo y después _____ sus últimos descubrimientos.
             se presentó   presentó

16. ¿Quién rompió el vaso?

   Nadie _____ el vaso; el vaso _____ solo.
        rompió   se rompió

17. ¿Cómo se detuvo el coche?

   El coche _____ al dar con el árbol; no lo _____ el chofer.
        se detuvo   detuvo

18. ¿Quién se retiró de los negocios?

   El millonario _____ de los negocios, pero no _____ su dinero del banco.
        se retiró   retiró

19. ¿Arreglan los ingleses sus habitaciones?

   Los ingleses _____ para ir a la oficina y _____ sus oficinas; pero no _____ mucho sus habitaciones.
       se arreglan   arreglan
       arreglan

20. ¿Se anima usted en las fiestas?

   No _____ en las fiestas verdaderamente, pero _____ a mis amigos con mis chistes.
         me animo   animo

21. ¿Dónde se instaló el millonario?

   _____ en una bella casa de campo, pero _____ sus oficinas en la ciudad.
       Se instaló   instaló

22. ¿Engaña usted a sus padres?

   Sí, a veces _____ a mis padres, pero también _____ a mí mismo.
            engaño   me engaño

23. ¿Se aburrió usted en el congreso médico?

   _____ en el congreso médico y creo que los médicos _____ también.
       Me aburrí   se aburrieron

24. ¿Entiende usted los problemas sociales?

   No, no _____ algunos problemas sociales, pero no _____ siempre a mí mismo.
          entiendo   me entiendo

25. ¿Se encuentra usted bien en una gran ciudad?

   No _____ bien en una gran ciudad porque no _____ las calles fácilmente.
      me encuentro   encuentro

26. ¿Asusta el profesor a las chicas?

   El profesor no _____ a las chicas, porque ellas no _____ con nada.
            asusta   se asustan

Ejercicio C. *Cambie las siguientes oraciones según los modelos. Cubra las respuestas:*

MODELOS: Tantos ejercicios me cansan.
              Con tantos ejercicios me canso.

              Tanto ir y venir perdió al niño.
              Con tanto ir y venir se perdió el niño.

1. La adición de la mujer complica la vida.
   Con la adición de la mujer se complica la vida.

2. Su arrogancia me irrita siempre.
   Con su arrogancia me irrito siempre.
3. Tantos ejercicios orales nos perderán.
   Con tantos ejercicios orales nos perderemos.
4. Esa medicina siempre lo calmaba.
   Con esa medicina siempre se calmaba.
5. Los años lo acostumbraron a tener paciencia.
   Con los años se acostumbró a tener paciencia.
6. Un poquito de sal mejora la comida.
   Con un poquito de sal se mejora la comida.
7. Ese artículo tranquilizó las autoridades.
   Con ese artículo se tranquilizaron las autoridades.
8. Tanto llorar irritaba los ojos de la criatura.
   Con tanto llorar se irritaban los ojos de la criatura.
9. ¿Ese trabajo monótono no te cansa?
   ¿Con ese trabajo monótono no te cansas?
10. Mis palabras la tranquilizan.
    Con mis palabras se tranquiliza.
11. La experiencia enriquece el espíritu del estudiante.
    Con la experiencia se enriquece el espíritu del estudiante.
12. Su conducta me aburre.
    Con su conducta me aburro.
13. La muerte del perro entristeció a los chicos.
    Con la muerte del perro se entristecieron los chicos.
14. El cambio entristeció a Adán.
    Con el cambio se entristeció Adán.
15. El nacimiento de un hijo enriqueció su vida.
    Con el nacimiento de un hijo se enriqueció su vida.
16. Esa cama dura lo acostumbró a madrugar.
    Con esa cama dura se acostumbró a madrugar.
17. Tantas preocupaciones la enfermaron.
    Con tantas preocupaciones se enfermó.

Ejercicio D. *Conteste las siguientes preguntas siguiendo los modelos. Cubra las respuestas:*

MODELOS: ¿Está enojada la gente con su actitud?
  Sí, la gente se enojó y aún está enojada.

  ¿Se siente tranquilo Adán?
  Sí, Adán se tranquilizó y aún se siente tranquilo.

1. ¿Está enojado Adán con Eva?
   Sí, Adán se enojó y aún está enojado.
2. ¿Se sienten enfermos los niños a causa de comer manzanas?
   Sí, los niños se enfermaron y aún se sienten enfermos.

3. ¿Está acostumbrado el soldado a estar de pie?
   Sí, el soldado se acostumbró y aún está acostumbrado.
4. ¿Está aburrido Adán de escuchar los problemas de Eva?
   Sí, Adán se aburrió y aún está aburrido.
5. ¿Está enfermo el presidente a causa de tanto trabajo?
   Sí, el presidente se enfermó y aún está enfermo.
6. ¿Te sientes irritado por tan poca cosa?
   Sí, me irrité y aún me siento irritado.
7. ¿Se siente el enfermo tranquilo al saber que no tiene cáncer?
   Sí, el enfermo se tranquilizó y aún se siente tranquilo.
8. ¿Está aburrida Eva de jugar a la canasta?
   Sí, Eva se aburrió y aún está aburrida.
9. ¿Se siente usted cansado de asistir a clases todos los días?
   Sí, me cansé y aún me siento cansado.
10. ¿Están perdidos los turistas en la gran ciudad?
    Sí, los turistas se perdieron y aún están perdidos.
11. ¿Está acostumbrado el perro a vivir en la casa?
    Sí, el perro se acostumbró y aún está acostumbrado.
12. ¿Se siente mejor la enferma?
    Sí, la enferma se mejoró y aún se siente mejor.
13. ¿Se siente enojado el profesor a causa de nuestros malos exámenes?
    Sí, el profesor se enojó y aún se siente enojado.
14. ¿Se siente usted alegre después del examen?
    Sí, me alegré y aún me siento alegre.
15. ¿Está cansada la criada de trabajar tanto?
    Sí, la criada se cansó y aún está cansada.
16. ¿Están todos tristes con motivo de aquella noticia?
    Sí, todos se entristecieron y aún están tristes.
17. ¿Está usted irritado de tanto esperar?
    Sí, me irrité y aún estoy irritado.
18. ¿Está usted triste con motivo de la lluvia?
    Sí, me entristecí y aún estoy triste.

6·15 *Haga el ejercicio siguiendo los modelos. Lea las dos primeras oraciones. Luego conteste de la manera indicada. Cubra las respuestas:*

MODELOS: — Los españoles robaron las tierras a los aztecas.
— ¿Y los ingleses?
— No, no les robaron las tierras.
  Se las robaron los españoles.

— El ladrón robó cinco pesos al millonario.
— ¿Y el policía?
— No, no le robó cinco pesos.
  Se los robó el ladrón.

1. — Los ejercicios orales mejoran la pronunciación de los alumnos.
   — ¿Y los escritos?
   — No, no les mejoran la pronunciación.
   Se la mejoran los ejercicios orales.
2. — Este ejercicio oral mejora la pronunciación de los alumnos.
   — ¿Y este ejercicio escrito?
   — No, no les mejora la pronunciación.
   Se la mejora este ejercicio oral.
3. — La práctica oral mejora la pronunciación de nuestra mejor alumna.
   — ¿Y la práctica escrita?
   — No, no le mejora la pronunciación.
   Se la mejora la práctica oral.
4. — Las lecturas mejoran el vocabulario de los alumnos.
   — ¿Y los exámenes?
   — No, no les mejoran el vocabulario.
   Se lo mejoran las lecturas.
5. — Las lecturas orales mejoran el vocabulario y la pronunciación de Teresa.
   — ¿Y los ejercicios escritos?
   — No, no le mejoran la pronunciación y el vocabulario.
   Se los mejoran las lecturas orales.
6. — Las medicinas curan el resfriado a los enfermos.
   — ¿Y los médicos?
   — No, no les curan el resfriado.
   Se lo curan las medicinas.
7. — La medicina cura el resfriado al niño enfermo.
   — ¿Y los médicos?
   — No, no le curan el resfriado.
   Se lo cura la medicina.
8. — Los médicos curan el resfriado a esas viejitas enfermas.
   — ¿Y el enfermero?
   — No, no les cura el resfriado.
   Se lo curan los médicos.
9. — Las medicinas curan el resfriado y el dolor de cabeza a los enfermos.
   — ¿Y los médicos?
   — No, no les curan el resfriado y el dolor de cabeza.
   Se los curan las medicinas.
10. — La doctora cura el resfriado a la enferma.
    — ¿Y la enfermera?
    — No, no le cura el resfriado.
    Se lo cura la doctora.
11. — El profesor envió una carta al director.
    — ¿Y los alumnos?
    — No, no le enviaron una carta.
    Se la envió el profesor.
12. — La profesora envió una carta al director.

— ¿Y el alumno?
— No, no le envió una carta.
Se la envió la profesora.
13. — Los profesores enviaron invitaciones a los periodistas.
— ¿Y los alumnos?
— No, no les enviaron invitaciones.
Se las enviaron los profesores.
14. — Las profesoras enviaron una carta a la directora.
— ¿Y la alumna?
— No, no le envió una carta.
Se la enviaron las profesoras.

EJERCICIO DE REPASO: SER VERSUS ESTAR

Use el presente de los verbos **ser** *o* **estar**. *Cubra las respuestas:*

1. No fue a casa de doña Micaela porque su tía _____ de vacaciones en San Sebastián. 1. está

2. San Sebastián _____ en la costa norte de España. 2. está

3. Rosa _____ una mujercita algo fea. 3. es

4. Todos _____ de acuerdo en que a Rosa no le interesa el dinero de su tía. 4. están

5. Nosotros no _____ de acuerdo en que la guerra sea inevitable. 5. estamos

6. En el verano la sombra de un árbol _____ igual a la del ala de una mariposa (*butterfly*). 6. es

7. Rosa no toca el piano porque la familia _____ de luto. 7. está

8. ¿_____ ustedes de la misma opinión? 8. son

9. El azúcar _____ dulce. 9. es

10. La miel _____ dulce también. 10. es

11. Esa _____ la verdad. 11. es

12. ¿Por qué _____ usted de rodillas? 12. está

13. Comprar un libro _____ un lujo tan grande que le tiemblan las manos.   13. es

14. En la fábrica yo _____ de pie ocho horas.   14. estoy

15. Siempre _____ enfermo su marido y no puede trabajar.   15. está

16. Juanito _____ un niño insoportable, pero hoy _____ tranquilo.   16. es, está

17. Este vestido siempre lo uso durante el invierno porque _____ de lana.   17. es

18. En el teatro las paredes no _____ de madera.   18. son

19. Yo _____ tranquilo después de oír que no hay peligro de invasión.   19. estoy

20. _____ ahora, que ha pasado todo, cuando se da cuenta de lo que ha sufrido.   20. es

21. ¿_____ real el sufrimiento que ya ha pasado?   21. es

22. _____ una muchacha trabajadora, pero hoy no trabaja más porque _____ cansada.   22. es, está

23. _____ cerca de la puerta, para irnos cuando el profesor no se dé cuenta.   23. estamos

24. ¿Dónde _____ el piano?   24. está

25. _____ la hora misteriosa en que los muertos salen de los cementerios.   25. es

26. _____ una ciudad grande, de altos edificios y hombres tristes.   26. es

27. ¿Si lo espero? Sí, lo _____ esperando, cansada y sin esperanzas.   27. estoy

28. Cuando Luisa _____ asustada no sabe lo que dice.   28. está

29. Y _____ que Rafael daba una impresión de salud perfecta. 29. es

30. Cuando _____ en la biblioteca, no queremos que nos molesten. 30. estamos

31. Sí, después de las discusiones y los disgustos _____ cuando vienen las lamentaciones. 31. es

32. El profesor les pregunta a los alumnos si _____ terminados los exámenes. 32. están

33. Su pequeño cuerpo _____ de hierro. 33. es

34. Si esto _____ posible, quisiera irme en seguida. 34. es

35. El instrumento _____ lujoso y bueno. 35. es

36. Y ahora, Rosa _____ comprando juguetes, vestidos y libros. 36. está

37. Las gallinas _____ dispuestas a evitar que otra intrusa entre en el corral. 37. están

38. ¿_____ usted interesado en esas reformas sociales? 38. está

39. _____ cansado pues acabo de regresar de un largo viaje. 39. estoy

40. Los ojos de Rosa _____ secos de tanto llorar. 40. están

41. El campesino _____ honrado y trabajador. 41. es

42. Nosotros _____ contentos de vivir en este país. 42. estamos

43. ¿Dónde _____ la llave? 43. está

7

7.5 *Cambie las siguientes oraciones a construcciones de significado pasivo usando* **se**. *Cubra las respuestas:*

1. La gente envió telegramas al presidente.
   Se enviaron telegramas al presidente.
2. Lavaban la ropa de la niña.
   Se lavaba la ropa de la niña.
3. Veían las palabras en la pizarra.
   Se veían las palabras en la pizarra.
4. La puerta fue abierta al llamar el cartero.
   La puerta se abrió al llamar el cartero.
5. La fábrica fue cerrada en 1895.
   La fábrica se cerró en 1895.
6. El criminal fue enviado a la cárcel.
   Al criminal se le envió a la cárcel.
7. No curan el resfriado.
   No se cura el resfriado.
8. Los ejercicios eran repetidos en la clase todos los días.
   Los ejercicios se repetían en la clase todos los días.
9. Planearon el viaje a la luna durante varios años.
   Se planeó el viaje a la luna durante varios años.
10. Uno comprende que la práctica oral es buena.
    Se comprende que la práctica oral es buena.
11. Los soldados fueron heridos en la batalla.
    A los soldados se les hirió en la batalla.
12. Tomaban el vino que había en el bar.
    Se tomaba el vino que había en el bar.
13. Los jóvenes rebeldes fueron expulsados de la universidad.
    A los jóvenes rebeldes se les expulsó de la universidad.
14. El profesor fue enviado a Siberia.
    Al profesor se le envió a Siberia.
15. El descubrimiento científico fue realizado en una universidad alemana.
    El descubrimiento científico se realizó en una universidad alemana.
16. El film *Intolerancia* fue hecho en Hollywood hace muchos años.
    El film *Intolerancia* se hizo en Hollywood hace muchos años.
17. La gente pidió mejores caminos.
    Se pidieron mejores caminos.

18. Los mapas fueron encontrados en la biblioteca.
    Los mapas se encontraron en la biblioteca.
19. El libro será publicado el año próximo.
    El libro se publicará el año próximo.
20. Discutían los negocios en la oficina.
    Se discutían los negocios en la oficina.
21. La gente visitó el monumento a George Washington.
    Se visitó el monumento a George Washington.
22. El periodista fue llevado a la cárcel.
    Al periodista se le llevó a la cárcel.
23. La gente admiró el estilo del torero.
    Se admiró el estilo del torero.
24. Comentaban la noticia en la tertulia.
    Se comentaba la noticia en la tertulia.
25. Colón fue llamado loco.
    A Colón se le llamó loco.
26. Cantaban himnos de paz.
    Se cantaban himnos de paz.
27. El café fue servido sin azúcar.
    El café se sirvió sin azúcar.
28. El turista fue llevado al hotel.
    Al turista se le llevó al hotel.
29. Enseñaban un cuadro famoso en el museo.
    Se enseñaba un cuadro famoso en el museo.
30. La gente vivió horas de dolor.
    Se vivieron horas de dolor.
31. *El paraíso perdido* fue publicado en 1667.
    El paraíso perdido se publicó en 1667.
32. La sopa (*soup*) fue cocinada sin sal.
    La sopa se cocinó sin sal.
33. El jardinero fue premiado por su bello jardín.
    Al jardinero se le premió por su bello jardín.
34. Las clases serán suspendidas durante el verano.
    Las clases se suspenderán durante el verano.
35. El poema fue leído en la clase de literatura.
    El poema se leyó en la clase de literatura.
36. Las novelas fueron estudiadas en la biblioteca.
    Las novelas se estudiaron en la biblioteca.
37. Lo obligaron a salir de su país.
    Se le obligó a salir de su país.
38. Los libros fueron quemados en la plaza.
    Los libros se quemaron en la plaza.
39. Lo sacaron de la clase porque estaba hablando mucho.
    Se le sacó de la clase porque estaba hablando mucho.

40. El niño ha sido llevado al parque.
    Al niño se le ha llevado al parque.
41. La criatura fue vestida para la fiesta.
    A la criatura se la vistió para la fiesta.
42. *La tempestad* fue publicada en 1623.
    La tempestad se publicó en 1623.
43. La gente baila poco en el Polo Norte.
    Se baila poco en el Polo Norte.
44. Me dijeron que bailo bien la conga.
    Se me dijo que bailo bien la conga.
45. Tuvieron que llamar a la policía.
    Se tuvo que llamar a la policía.
46. Le preguntaron si tenía un resfriado.
    Se le preguntó si tenía un resfriado.
47. Alguien hirió al soldado.
    Se hirió al soldado.
48. Protegen a los países democráticos.
    Se protege a los países democráticos.
49. Me dicen que los españoles tienen mucho orgullo.
    Se me dice que los españoles tienen mucho orgullo.
50. El torero fue llevado a la plaza.
    Al torero se le llevó a la plaza.

7·9 Ejercicio A. *Coloque al principio de cada oración las palabras en bastardillas. Cubra las respuestas:*

MODELOS: Abrochaba (*He buttoned*) *la chaqueta* cuidadosamente.
            La chaqueta la abrochaba cuidadosamente.

            Ofreció la absolución *al pecador*.
            Al pecador le ofreció la absolución.

1. Mostraba *las carnes descoloridas* bajo la miserable vestidura.
   Las carnes descoloridas las mostraba bajo la miserable vestidura.
2. Perdía *la paciencia* al escuchar al orador.
   La paciencia la perdía al escuchar al orador.
3. Conseguí *el plato de comida* después de pedirlo por largo rato.
   El plato de comida lo conseguí después de pedirlo por largo rato.
4. Decía palabras insultantes *a los hipócritas*.
   A los hipócritas les decía palabras insultantes.
5. Daban dinero *al sacerdote*.
   Al sacerdote le daban dinero.
6. Dejó *el pueblo* para toda la vida.
   El pueblo lo dejó para toda la vida.

7. Invitaban *a Pepe Botella* a las divertidas reuniones.
   A Pepe Botella lo invitaban a las divertidas reuniones.
8. Entregó la botella *al otro borracho*.
   Al otro borracho le entregó la botella.
9. Tratan *al pobre borracho* como si fuera el peor criminal.
   Al pobre borracho lo tratan como si fuera el peor criminal.
10. Pagó *la cuenta* aunque no tenía mucho dinero.
    La cuenta la pagó aunque no tenía mucho dinero.
11. Entregó el termómetro *al médico*.
    Al médico le entregó el termómetro.
12. Entregó *la cuenta* al gallego dueño de la tienda.
    La cuenta la entregó al gallego dueño de la tienda.
13. Dobló *el castigo* a causa de una inocente pregunta del alumno.
    El castigo lo dobló a causa de una inocente pregunta del alumno.
14. Llevaba *los grandes zapatones rotos* como si fueran nuevos.
    Los grandes zapatones rotos los llevaba como si fueran nuevos.
15. Compró la carne *al carnicero*.
    Al carnicero le compró la carne.
16. Cazaban *las serpientes* para hacer costosas bolsas.
    Las serpientes las cazaban para hacer costosas bolsas.
17. Enseñaba *al gato* a comer en la mesa.
    Al gato le enseñaba a comer en la mesa.
18. Odiaba *a los enemigos* de su patria.
    A los enemigos de su patria los odiaba.
19. Pagó la deuda *al gallego rico*.
    Al gallego rico le pagó la deuda.
20. Le contó sus pecados *al sacerdote*.
    Al sacerdote le contó sus pecados.
21. Escribía *los sonetos* en la clase.
    Los sonetos los escribía en la clase.
22. Cosía *las abiertas costuras* con un hilo blanco.
    Las abiertas costuras las cosía con un hilo blanco.
23. Se puso *los lentes* para ver mejor.
    Los lentes se los puso para ver mejor.
24. Trajeron unas cajitas de música *a los niños*.
    A los niños les trajeron unas cajitas de música.
25. Dio unas pocas monedas *a sus hijos*.
    A sus hijos les dio unas pocas monedas.
26. Lavan *las camisas* en el río todos los sábados.
    Las camisas las lavan en el río todos los sábados.
27. Dictó *la sentencia* de forma salomónica.
    La sentencia la dictó de forma salomónica.
28. Entregan el dinero *al juez*.
    Al juez le entregan el dinero.

29. Malgasta *la vida* bebiendo y censurando a los demás.
    La vida la malgasta bebiendo y censurando a los demás.
30. Enseña *a los perros* a sentarse en las patas traseras.
    A los perros les enseña a sentarse en las patas traseras.
31. Pedí un poco de azúcar *al dueño del comercio*.
    Al dueño del comercio le pedí un poco de azúcar.
32. Repartieron *las promesas y las sonrisas* entre los electores.
    Las promesas y las sonrisas las repartieron entre los electores.
33. Contestó *las preguntas* con toda urbanidad.
    Las preguntas las contestó con toda urbanidad.

Ejercicio B. *Conteste a las preguntas según los modelos. En la primera respuesta coloque detrás del verbo las palabras en bastardillas; en la segunda, colóquelas delante. Cubra las respuestas:*

MODELOS: ¿Al padre Bernárdez lo invitaron a beber vino?
Sí, señor, invitaron al padre Bernárdez a beber vino.
Sí, señor, al padre Bernárdez lo invitaron a beber vino.

¿Le gustaba el vino *a Pepe Botella?*
Sí, señor, le gustaba a Pepe Botella el vino.
Sí, señor, a Pepe Botella le gustaba el vino.

¿Ahogará *las penas* en vino?
Sí, señor, ahogará las penas en vino.
Sí, señor, las penas las ahogará en vino.

1. ¿*A los vagabundos* los metieron en la prisión?
   Sí, señor, metieron a los vagabundos en la prisión.
   Sí, señor, a los vagabundos los metieron en la prisión.
2. ¿*Al sacerdote* le interesaba confesar a esos herejes?
   Sí, señor, le interesaba al sacerdote confesar a esos herejes.
   Sí, señor, al sacerdote le interesaba confesar a esos herejes.
3. ¿*A don Javier* le faltaba el sombrero?
   Sí, señor, le faltaba a don Javier el sombrero.
   Sí, señor, a don Javier le faltaba el sombrero.
4. ¿Metió *dinero* en el banco?
   Sí, señor, metió dinero en el banco.
   Sí, señor, el dinero lo metió en el banco.
5. ¿Le faltaba *al policía* un revólver para defenderse?
   Sí, señor, le faltaba al policía un revólver para defenderse.
   Sí, señor, al policía le faltaba un revólver para defenderse.
6. ¿*Las tortillas* las hacía en la cocina de su casa?
   Sí, señor, hacía las tortillas en la cocina de su casa.
   Sí, señor, las tortillas las hacía en la cocina de su casa.

7. ¿Le importaba *al gato* comer en la mesa?
   Sí, señor, le importaba al gato comer en la mesa.
   Sí, señor, al gato le importaba comer en la mesa.
8. ¿Le gustaban *a Concha* los perros?
   Sí, señor, le gustaban a Concha los perros.
   Sí, señor, a Concha le gustaban los perros.
9. ¿*Esa doctrina filosófica* la desarrolló a fuerza de paciencia y estudio?
   Sí, señor, desarrolló esa doctrina filosófica a fuerza de paciencia y estudio.
   Sí, señor, esa doctrina filosófica la desarrolló a fuerza de paciencia y estudio.
10. ¿Consumía *las tortillas*?
    Sí, señor, consumía las tortillas.
    Sí, señor, las tortillas las consumía.
11. ¿Encantaba *a las serpientes* con su música?
    Sí, señor, encantaba a las serpientes con su música.
    Sí, señor, a las serpientes las encantaba con su música.

7·10 Ejercicio A. *Conteste a las preguntas según los modelos. Cubra las respuestas:*

MODELOS: ¿Recordarán las formas del subjuntivo?
Espero que las recuerden.

¿Vamos a seguir asistiendo a la universidad?
Espero que sigamos.

1. ¿Vendrán todos los días a la universidad?
   Espero que vengan.
2. ¿Lo sabrá?
   Espero que lo sepa.
3. ¿Vamos a volver a la playa?
   Espero que volvamos.
4. ¿Vamos a dormir hasta las doce?
   Espero que durmamos.
5. ¿Sabrá la lección?
   Espero que la sepa.
6. ¿Tendremos dinero para gastar en el mercado?
   Espero que lo tengamos.
7. ¿Rogarán por su salud?
   Espero que rueguen.
8. ¿Pensarán en los problemas internacionales?
   Espero que piensen.
9. ¿Sentirán que fusilen al patriota?
   Espero que lo sientan.
10. ¿Dormirá hasta las doce del día?
    Espero que duerma.
11. ¿Advertirán el error?
    Espero que lo adviertan.

12. ¿Morirán esos malvados?
    Espero que mueran.
13. ¿Vamos a empezar a estudiar mañana?
    Espero que empecemos.
14. ¿Vamos a probar esa sopa?
    Espero que la probemos.
15. ¿Contarán con la ayuda de la justicia?
    Espero que cuenten.
16. ¿Negará las acusaciones?
    Espero que las niegue.
17. ¿Vamos a jugar a las cartas?
    Espero que juguemos.
18. ¿Encontrarán al niño perdido?
    Espero que lo encuentren.
19. ¿Se sentarán a charlar de literatura?
    Espero que se sienten.
20. ¿Vamos a acostarnos temprano?
    Espero que nos acostemos.

Ejercicio B. *Cambie la siguiente narración del estilo directo al estilo indirecto. Para hacer más dramática su narración, use el presente. Cubra la narración que aparece a la derecha de la página. Vaya descubriéndola a medida que completa la narración sugerida a la izquierda:*

MODELOS:

Dime la verdad — me dice mi padre.	Mi padre me dice que le diga la verdad.
— Ya la sabes, le respondo.	Le respondo que ya la sabe.

En casa del Sr. Cifuentes

—Cante conmigo un trozo de *El Trovador* — me dice el doctor argentino.	El doctor argentino me dice que cante con él un trozo de *El Trovador*.
—No sé cantar — digo.	Digo que no sé cantar.
—Recíteme unos versos en esperanto — me pide la esperantista brasileña.	La esperantista brasileña me pide que le recite unos versos en esperanto.
—Nunca recito — le digo.	Le digo que nunca recito.
—Siéntense en torno a la mesa — indica la señora de Cifuentes.	La señora de Cifuentes indica que nos sentemos en torno a la mesa.
—No tenemos sillas suficientes — dice la hija de la señora de Cifuentes.	La hija de la señora de Cifuentes dice que no tienen sillas suficientes.
—Trae sillas de la cocina — ordena la madre.	La madre ordena que traiga sillas de la cocina.
—Ven pronto — grita el padre.	El padre grita que venga pronto.
—En seguida vuelvo — dice la hija.	La hija dice que en seguida vuelve.

— Voy a recitar una fábula en esperanto — dice el señor Cifuentes.

El señor Cifuentes dice que va a recitar una fábula en esperanto.

— Hay un mosquito en mi cerveza — grita el periodista mexicano.

El periodista mexicano grita que hay un mosquito en su cerveza.

— Saca el mosquito con la cuchara — le dice su mujer.

Su mujer le dice que saque el mosquito con la cuchara.

— Saca el mosquito con los dedos — le dice su hijo.

Su hijo le dice que saque el mosquito con los dedos.

— Tengo los dedos sucios — dice el periodista.

El periodista dice que tiene los dedos sucios.

— Bébase la cerveza y el mosquito — le dice el esperantista filipino.

El esperantista filipino le dice que se beba la cerveza y el mosquito.

— Cómase el mosquito — dice el esperantista haitiano.

El esperantista haitiano le dice que se coma el mosquito.

— Todos ustedes están insultando a México y a los mexicanos — grita frenético el mexicano.

El mexicano grita frenético que todos nosotros estamos insultando a México y a los mexicanos.

— Trae otra cerveza — le dice el señor Cifuentes a su mujer.

El señor Cifuentes le dice a su mujer que traiga otra cerveza.

— No quiero más cerveza — dice el mexicano.

El mexicano dice que no quiere más cerveza.

— Entonces voy a recitar la fábula sobre el mosquito y la cerveza — dice el señor Cifuentes.

El señor Cifuentes dice que entonces va a recitar la fábula sobre el mosquito y la cerveza.

EJERCICIO DE REPASO: SER ~ ESTAR

Use el pretérito o el imperfecto de los verbos **ser** *o* **estar.** *Cubra las respuestas:*

1. La Pachacha _____ escrita por Rafael Maluenda.   1. fue

2. Las japonesas no _____ de acuerdo con las otras gallinas.   2. estaban

3. Las Leghorn no tomaron agua porque _____ sucia.   3. estaba

4. La gallina bruta _____ herida por la Pachacha.   4. fue

5. El presidente _____ atacado hoy.   5. fue

6. La Pachacha _____ alegre porque la Leghorn la saludó cortésmente.   6. estaba

7. El corral _____ cerrado en cuanto llegó el pollito.   7. fue

8. El obrero _____ matado por un hombre de su misma clase social.   8. fue

9. En el corral las gallinas _____ levantadas desde muy temprano.   9. estaban

10. En la iglesia todos _____ de rodillas.   10. estaban

11. La gallina no _____ en el corral porque salió de paseo por el campo.   11. estaba

12. La Pachacha no _____ casi nunca con las japonesas.   12. estaba

13. El profesor _____ dispuesto a cambiar el examen.   13. estaba

14. Los profesores _____ escuchando al joven arribista.   14. estaban

15. Fui muchas veces a la oficina del profesor. No lo pude ver porque _____ de vacaciones.   15. estaba

16. La gallina _____ premiada en el concurso.   16. fue

17. Un picotazo (*peck*) le _____ dado a la gallina bruta.   17. fue

18. A las nueve de la noche los pollos aún no _____ de regreso.   18. estaban

19. Mi diccionario Larousse _____ publicado en 1960.   19. fue

20. El teatro _____ siempre vacío.   20. estaba

21. El año pasado la universidad _____ rodeada por la policía varias veces.   21. fue

22. La biblioteca de la universidad _____ construida en 1905.   22. fue

23. Hace años la universidad _____ rodeada de bellos jardines, pero hoy en día no hay muchos jardines alrededor.   23. estaba

24. El presidente _____ asesinado en su automóvil.   24. fue

25. Cuando llegué a la universidad la clase ya _____ terminada.   25. estaba

8

8·14 *Emplee el indicativo o el subjuntivo al completar las oraciones principales con las oraciones dependientes que aparecen en el paréntesis. Cubra las respuestas:*

MODELO: (Exagera sus movimientos.)
No es buen actor ya que . . .
exagera sus movimientos.
Es un actor que no emociona a menos que . . .
exagere sus movimientos.
Nadie se interesa por su actuación cuando . . .
exagera sus movimientos.
Pocos comprenderán ese personaje sin que . . .
exagere sus movimientos.
Lo aplaudirán después que . . .
exagere sus movimientos.

1. (Asisto a un concierto.)
Invitaré a mi novia la próxima vez que . . .
asista a un concierto.
Voy a decidir si me gusta o no la música después que . . .
asista a un concierto.
Siempre aplaudo cuando . . .
asisto a un concierto.
No podré opinar sobre la música a menos que . . .
asista a un concierto.
Me trae un boleto para que . . .
asista a un concierto.

2. (Lee con una excelente pronunciación.)
Lo entiendo puesto que . . .
lee con una excelente pronunciación.
Le preparo muchos ejercicios orales para que . . .
lea con una excelente pronunciación.
Lo premiarán la próxima vez que . . .
lea con una excelente pronunciación.
Debemos ayudarlo con tal que . . .
lea con una excelente pronunciación.
Todos entienden el cuento cuando . . .
lee con una excelente pronunciación.

3. (Comprendo la personalidad de los personajes.)
   Me interesa esa comedia ya que . . .
   comprendo la personalidad de los personajes.
   Le explicaré esa novela en cuanto . . .
   comprenda la personalidad de los personajes.
   Le voy a dar mi opinión después que . . .
   comprenda la personalidad de los personajes.
   No opinaré hasta que . . .
   comprenda la personalidad de los personajes.
   Me interesa una novela cuando . . .
   comprendo la personalidad de los personajes.

4. (Sigo las instrucciones.)
   Hago bien los exámenes tan pronto como . . .
   sigo las instrucciones.
   No haré bien los exámenes hasta que . . .
   siga las instrucciones.
   Voy a hacer un buen examen cuando . . .
   siga las instrucciones.
   Hago malos exámenes ya que no . . .
   sigo las instrucciones.
   Va a empezar el examen tan pronto como . . .
   siga las instrucciones.

5. (Tiene un caballo de palo.)
   Le parecerá que es un *cowboy* tan pronto como . . .
   tenga un caballo de palo.
   Le parece que es un *cowboy* cuando . . .
   tiene un caballo de palo.
   No le parece ser un *cowboy* a menos que . . .
   tenga un caballo de palo.
   No le parece ser un *cowboy* ya que no . . .
   tiene un caballo de palo.
   Creerá que es un *cowboy* cuando . . .
   tenga un caballo de palo.

6. (Es demasiado tarde.)
   Iré al médico antes que . . .
   sea demasiado tarde.
   Llamaré a la policía a menos que . . .
   sea demasiado tarde.
   Hablaré con el abogado antes que . . .
   sea demasiado tarde.
   No voy al concierto puesto que . . .
   es demasiado tarde.
   No llamaré a las autoridades puesto que . . .
   es demasiado tarde.

7. (Voy al teatro.)
   Satisfago mi impulso imitativo en cuanto . . .
   voy al teatro.
   No satisfago mi impulso imitativo a menos que . . .
   vaya al teatro.
   Satisfago mi impulso imitativo siempre que . . .
   voy al teatro.
   Nunca satisfago mi impulso imitativo ya que no . . .
   voy al teatro.
   Satisfago mi impulso imitativo cuando . . .
   voy al teatro.
8. (Cuento mis problemas amorosos y económicos.)
   Todos dicen que son mis amigos hasta que . . .
   cuento mis problemas amorosos y económicos.
   Se sorprenderán en cuanto . . .
   cuente mis problemas amorosos y económicos.
   Me darán buenos consejos la próxima vez que . . .
   cuente mis problemas amorosos y económicos.
   Me darán la razón después que . . .
   cuente mis problemas amorosos y económicos.
   Es mejor que lo decidan cuando . . .
   cuente mis problemas amorosos y económicos.
9. (Ocurre algo peor.)
   Debemos evitar una guerra antes que . . .
   ocurra algo peor.
   No debemos llamar a la policía a menos que . . .
   ocurra algo peor.
   Todo irá bien con tal que no . . .
   ocurra algo peor.
   Guarda esa pistola antes que . . .
   ocurra algo peor.
   Deja de discutir antes que . . .
   ocurra algo peor.

8·15 Ejercicio A.

Cambie las siguientes oraciones siguiendo el modelo. Use en la primera parte de la oración la forma verbal que se le da en el paréntesis. En la segunda parte, use la forma correspondiente del subjuntivo. En todos los casos, cambie el verbo que aparece en bastardillas al imperfecto del indicativo. Cubra las respuestas:

MODELO: Aunque el millonario no tiene dinero en el bolsillo, *es* probable que en el banco lo tenga. (había tenido)
Aunque el millonario no había tenido dinero en el bolsillo, era probable que en el banco lo hubiera tenido. (tendría)
Aunque el millonario no tendría dinero en el bolsillo, era probable que en el banco lo tuviera. (habría tenido)

Aunque el millonario no habría tenido dinero en el bolsillo, era probable que en el banco lo hubiera tenido. (tenía)
Aunque el millonario no tenía dinero en el bolsillo, era probable que en el banco lo tuviera.

1. Aunque esa teoría modifica la opinión del profesor, el director *duda* que la modifique. (modificaba)
Aunque esa teoría modificaba la opinión del profesor, el director dudaba que la modificara. (había modificado)
Aunque esa teoría había modificado la opinión del profesor, el director dudaba que la hubiera modificado. (modificaría)
Aunque esa teoría modificaría la opinión del profesor, el director dudaba que la modificara. (habría modificado)
Aunque esa teoría habría modificado la opinión del profesor, el director dudaba que la hubiera modificado.

2. A pesar de que los poetas se emocionan con las noches de luna, *temo* que los científicos no se emocionen. (emocionaban)
A pesar de que los poetas se emocionaban con las noches de luna, temía que los científicos no se emocionaran. (habían emocionado)
A pesar de que los poetas se habían emocionado con las noches de luna, temía que los científicos no se hubieran emocionado. (emocionarían)
A pesar de que los poetas se emocionarían con las noches de luna, temía que los científicos no se emocionaran. (habrían emocionado)
A pesar de que los poetas se habrían emocionado con las noches de luna, temía que los científicos no se hubieran emocionado.

3. Aunque las mujeres lloran al escuchar ese diálogo sentimental, no *es* probable que los hombres lloren. (habrían llorado)
Aunque las mujeres habrían llorado al escuchar ese diálogo sentimental, no era probable que los hombres hubieran llorado. (lloraban)
Aunque las mujeres lloraban al escuchar ese diálogo sentimental, no era probable que los hombres lloraran. (habían llorado)
Aunque las mujeres habían llorado al escuchar ese diálogo sentimental, no era probable que los hombres hubieran llorado. (llorarían)
Aunque las mujeres llorarían al escuchar ese diálogo sentimental, no era probable que los hombres lloraran.

4. A pesar de que los buenos alumnos practican el español, *es* difícil que los malos alumnos lo practiquen. (habrían practicado)
A pesar de que los buenos alumnos habrían practicado el español, era difícil que los malos alumnos lo hubieran practicado. (practicaban)
A pesar de que los buenos alumnos practicaban el español, era difícil que los malos alumnos lo practicaran. (habían practicado)
A pesar de que los buenos alumnos habían practicado el español, era difícil que los malos alumnos lo hubieran practicado. (practicarían)
A pesar de que los buenos alumnos practicarían el español, era difícil que los malos alumnos lo practicaran.

5. Aunque el público se divierte con la comedia musical, a él no le *parece* que aquel profesor tan serio se divierta. (divertía)
Aunque el público se divertía con la comedia musical, a él no le parecía que aquel profesor tan serio se divirtiera. (había divertido)
Aunque el público se había divertido con aquella comedia musical, a él no le parecía que aquel profesor tan serio se hubiera divertido. (divertiría)
Aunque el público se divertiría con aquella comedia musical, a él no le parecía que aquel profesor tan serio se divirtiera. (habría divertido)
Aunque el público se habría divertido con aquella comedia musical, a él no le parecía que aquel profesor tan serio se hubiera divertido.
6. A pesar de que los griegos aplaudan esas tragedias, a mí no me *parece* que los esquimales las aplaudan. (aplaudían)
A pesar de que los griegos aplaudían esas tragedias, a mí no me parecía que los esquimales las aplaudieran. (habían aplaudido)
A pesar de que los griegos habían aplaudido esas tragedias, a mí no me parecía que los esquimales las hubieran aplaudido. (aplaudirían)
A pesar de que los griegos aplaudirían esas tragedias, a mí no me parecía que los esquimales las aplaudieran. (habrían aplaudido)
A pesar de que los griegos habrían aplaudido esas tragedias, a mí no me parecía que los esquimales las hubieran aplaudido.
7. Aunque los intelectuales comprenden esa obra, *es* dudoso que el público en general la comprenda. (habrían comprendido)
Aunque los intelectuales habrían comprendido esa obra, era dudoso que el público en general la hubiera comprendido. (comprendían)
Aunque los intelectuales comprendían esa obra, era dudoso que el público en general la comprendiera. (habían comprendido)
Aunque los intelectuales habían comprendido esa obra, era dudoso que el público en general la hubiera comprendido. (comprenderían)
Aunque los intelectuales comprenderían esa obra, era dudoso que el público en general la comprendiera.
8. A pesar de que esas ideas cambian la opinión del pueblo, no *es* probable que el primer ministro la cambie. (habrían cambiado)
A pesar de que esas ideas habrían cambiado la opinión del pueblo, no era probable que el primer ministro la hubiera cambiado. (cambiaban)
A pesar de que esas ideas cambiaban la opinión del pueblo, no era probable que el primer ministro la cambiara. (habían cambiado)
A pesar de que esas ideas habían cambiado la opinión del pueblo, no era probable que el primer ministro la hubiera cambiado. (cambiarían)
A pesar de que esas ideas cambiarían la opinión del pueblo, no era probable que el primer ministro la cambiara.
9. A pesar de que su última novela plantea problemas sociales y económicos, no *creo* que todas sus novelas los planteen. (planteaba)
A pesar de que su última novela planteaba problemas sociales y económicos, no creía que todas sus novelas los plantearan. (plantearía)

A pesar de que su última novela plantearía problemas sociales y económicos, no creía que todas sus novelas los plantearan. (habría planteado)

A pesar de que su última novela habría planteado problemas sociales y económicos, no creía que todas sus novelas los hubieran planteado. (había planteado)

A pesar de que su última novela había planteado problemas sociales y económicos, no creía que todas sus novelas los hubieran planteado.

10. Aunque algunos niños dicen mentiras, es dudoso que todos los niños las digan. (dirían)

Aunque algunos niños dirían mentiras, era dudoso que todos los niños las dijeran. (habrían dicho)

Aunque algunos niños habrían dicho mentiras, era dudoso que todos los niños las hubieran dicho. (decían)

Aunque algunos niños decían mentiras, era dudoso que todos los niños las dijeran. (habían dicho)

Aunque algunos niños habían dicho mentiras, era dudoso que todos los niños las hubieran dicho.

Ejercicio B. *En el siguiente ejercicio encontrará dos narraciones cortas. Cambie a oraciones con* **aunque,** *las que indican lo que piensan los personajes. Si su cambio es correcto, su oración ha de expresar lo mismo que dice el personaje. Cubra las respuestas:*

MODELO: En el examen

Ramón no estudió para el examen, sin embargo, decidió tomarlo. Al entrar en el aula, piensa: «*No sé si el examen es difícil, pero trataré de hacerlo*».
Le dice a su amigo Arturo:
— **Aunque el examen sea difícil, trataré de hacerlo.**
El profesor entrega los exámenes. Piensa: «*Es un examen difícil, pero estos malos alumnos piensan sacar buenos notas*».
Le dice a otro profesor:
— **Aunque es un examen difícil, estos malos alumnos piensan sacar buenas notas.**
Ramón mira el examen. Tiene cien preguntas. Piensa: «*Tiene cien preguntas, pero se contestan con pocas palabras*».
Dice en voz baja:
— **Aunque tiene cien preguntas, se contestan con pocas palabras.**

Los astronautas

Los astronautas John y Tito llegan a un planeta desconocido. John saca la cabeza por la ventanilla. Piensa: «*Hay aire, pero no hay gente*».
Le dice a Tito:
— **Aunque hay aire, no hay gente.**
Tito nunca cree lo que dice John. Piensa: «*No sé si hay aire, pero no hay gente*».
Le dice a John:
— **Aunque haya aire, no hay gente.**

Bajan. El paisaje es muy bello. John observa el paisaje y piensa: «*El paisaje es bello, pero distinto a la Tierra*».
Comenta:

— **Aunque el paisaje es bello, es distinto a la Tierra.**

Tito no está seguro si el paisaje es bello. Ni le importa. Piensa: «*No sé si es bello, pero parece muy peligroso. Debemos tener cuidado*».
Le dice a John:

— **Aunque sea bello, parece muy peligroso. Debemos tener cuidado.**

John ve algo pequeño que se mueve entre la hierba. Piensa: «*Hay animales, pero no hay seres humanos*».
Dice:

— **Aunque hay animales, no hay seres humanos.**

Tito mira entre la hierba. Piensa: «*No sé si son animales, pero de todos modos no creo que existan seres humanos en este planeta*».
Se vuelve hacia John y le dice:

— **Aunque sean animales, de todos modos no creo que existan seres humanos en este planeta.**

John ve una piedra muy brillante. Piensa: «*No sé si es una piedra común, pero brilla como si fuera oro*».
Le enseña la piedra a Tito y le dice:

— **Aunque sea una piedra común, brilla como si fuera oro.**

Tito se acerca y comprueba que es oro. Piensa: «*Es oro, pero no me interesa*».
Dice:

— **Aunque es oro, no me interesa.**

Ambos piensan: «*No sé si es un planeta muy rico, pero preferimos la Tierra*».
Y dicen al mismo tiempo:

— **Aunque sea un planeta muy rico, preferimos la Tierra.**

Las amigas

Todo el mundo sabe que las mujeres tienen fama de pensar y hablar mucho. Olga y Diana son dos amigas que se encuentran en una fiesta.

Al ver a Diana, Olga piensa: «*No sé si sus perlas son legítimas, pero parecen falsas*».

Y le dice a Carlota, otra de sus amigas:

— **Aunque sus perlas sean legítimas, parecen falsas.**

Por su parte, Diana piensa: «*Mis perlas son legítimas y muy costosas, pero Olga piensa que son falsas*».

Y le dice a su íntima amiga Paquita Pérez:

— **Aunque mis perlas son legítimas y muy costosas, Olga piensa que son falsas.**

Olga sigue mirando a Diana detenidamente. Piensa: «*No sé si tiene unos zapatos buenos, pero con esos pies tan feos ningún zapato le queda bien*».
Comenta con su buena amiga Carlota:

— **Aunque tenga unos zapatos buenos, con esos pies tan feos ningún zapato le queda bien.**

Carlota piensa: «*No sé si Diana tiene treinta años, pero parece más vieja*».

Comenta:
— **Aunque tenga treinta años, parece más vieja.**

Diana se da cuenta que hablan de ella, y piensa: «*Tengo treinta años, pero como envidian mi dinero, dicen por ahí que tengo cuarenta*».

Se dice a sí misma en voz muy baja:
— **Aunque tengo treinta años, como envidian mi dinero, dicen por ahí que tengo cuarenta.**

Olga piensa: «*No sé si habla mal de mí con Paquita Pérez, pero voy a saludarla*».
Le dice a Carlota:
— **Aunque hable mal de mí con Paquita Pérez, voy a saludarla.**

Diana piensa: «*Estoy segura que habla mal de mí con Carlota; pero, como somos amigas, debo saludarla*».
Le dice a Paquita Pérez:
— **Aunque estoy segura que habla mal de mí con Carlota, como somos amigas, debo saludarla.**

Olga y Diana se saludan y se besan.

Ejercicio C. *Haga oraciones con* **aunque** *cambiando la oración que aparece en el paréntesis. De acuerdo con la idea que se le da en la primera línea de cada ejercicio, utilice el subjuntivo o el indicativo al formar su oración con* **aunque**. *Nótese que algunas ideas se expresan con mayor emoción; otras, más bien, de una manera objetiva y fría. Cubra las respuestas:*

MODELOS: **(Es un viaje interesante pero peligroso.)**
— ¿A la luna? ¡Claro que no voy! Sólo en sueños iría.
Aunque sea un viaje interesante es peligroso.
— Esta revista tiene un buen artículo sobre ese viaje por las montañas.
Aunque es un viaje interesante es peligroso.
— Tengo miedo. ¡Han muerto tantos en ese viaje!
Aunque sea un viaje interesante es peligroso.
— Yo no me atrevo a ir. Hay cocodrilos, serpientes, leones.
Aunque sea un viaje interesante es peligroso.
— Dicen que es interesante. No sé.
Aunque sea un viaje interesante es peligroso.

(Es una novela famosa pero inmoral.)
1. — No voy a leerla por nada del mundo.
   Aunque sea una novela famosa es inmoral.
2. — Expliqué la novela en la clase.
   Aunque es una novela famosa es inmoral.
3. — Yo no permito que una hija mía lea esa novela.
   Aunque sea una novela famosa es inmoral.
4. — ¡Basta!
   Aunque sea una novela famosa es inmoral.

(Es un hombre honrado pero feo.)
5. — Ni por un millón de pesos me casaría con él.
   Aunque sea un hombre honrado es feo.
6. — ¡No! No me voy a casar con él.
   Aunque sea un hombre honrado es feo.
7. — ¿Casarme con él? ¿Estás loca?
   Aunque sea un hombre honrado es feo.
8. — No hay por qué molestarse tanto.
   Aunque es un hombre honrado es feo.

(Es millonario pero no tiene educación.)
9. — ¡Qué manera de hablar, Dios mío!
   Aunque sea millonario, no tiene educación.
10. — La explicación es sencilla. Nunca tuvo la oportunidad de estudiar.
    Aunque es millonario, no tiene educación.
11. — ¡Y pensar que tiene tanto dinero! ¡Pero si es un bárbaro!
    Aunque sea millonario, no tiene educación.
12. — ¿Educación? ¡Ninguna!
    Aunque sea millonario, no tiene educación.

(Es un hombre pobre pero distinguido.)
13. — Me quedé muy sorprendida al verlo. ¡Es tan elegante!
    Aunque sea un hombre pobre es distinguido.
14. — No me sorprendí, pero debo confesar la verdad.
    Aunque es un hombre pobre es distinguido.
15. — Sí, tienes toda la razón.
    Aunque es un hombre pobre es distinguido.
16. — Claro, los millonarios, los orgullosos, dirán otra cosa. Sin embargo . . .
    Aunque sea un hombre pobre es distinguido.

(Es un pintor conocido pero tiene mal gusto.)
17. — Nunca he visto un cuadro tan horrendo.
    Aunque sea un pintor conocido, tiene mal gusto.
18. — ¡Rojo, verde, azul, amarillo . . . ! ¡No, no, hay demasiados colores!
    Aunque sea un pintor conocido, tiene mal gusto.
19. — ¡Nunca he visto un cuadro más ridículo!
    Aunque sea un pintor conocido, tiene mal gusto.
20. — Como artista, debo ser objetivo.
    Aunque es un pintor conocido, tiene mal gusto.

(Es la moda pero no salgo así a la calle.)
21. — Por nada del mundo me pongo ese sombrero con plumas de todos colores.
    Aunque sea la moda, no salgo así a la calle.
22. — ¿Yo? No, chica, ni por un millón de pesos me hago ese peinado (*will I wear that hairdo*).
    Aunque sea la moda, no salgo así a la calle.
23. — ¿Dejarme crecer la barba? ¡Ni loco!
    Aunque sea la moda, no salgo así a la calle.

24. — Comprendo tus razones. Es un vestido cómodo, pero es un poco corto.
   Aunque es la moda, no salgo así a la calle.

Ejercicio D. *Complete la idea que aparece en la segunda línea de cada ejercicio, con la oración que aparece en la primera línea. Cubra las respuestas:*

MODELOS: La joven no puede pintar un buen cuadro.
   La joven sufre al . . .
   La joven sufre al no poder pintar un buen cuadro.

   Rosa toca el piano.
   Rafael insiste en . . .
   Rafael insiste en que Rosa toque el piano.

   Rafael sabe que dos y dos son cuatro.
   Dudo . . .
   Dudo que Rafael sepa que dos y dos son cuatro.

1. Los chillidos de los niños se escuchan desde la calle.
   La madre teme . . .
   La madre teme que los chillidos de los niños se escuchen desde la calle.
2. Rafael duerme a su lado, en paz.
   Rafael prefiere . . .
   Rafael prefiere dormir a su lado, en paz.
3. Los soldados están despiertos desde el amanecer.
   El capitán quiere . . .
   El capitán quiere que los soldados estén despiertos desde el amanecer.
4. La niña tocaba el piano.
   La niña prefería jugar, pero debía . . .
   La niña prefería jugar, pero debía tocar el piano.
5. Rafael aborrecía esos dones que de nada le servían.
   Rosa dudaba . . .
   Rosa dudaba que Rafael aborreciera esos dones que de nada le servían.
6. Rosa le habló a Rafael y trató de darle buenas razones.
   Rosa debía . . .
   Rosa debía hablarle a Rafael y tratar de darle buenas razones.
7. El ladrón conmovía al juez.
   El ladrón pretendía . . .
   El ladrón pretendía conmover al juez.
8. Rosa conocía las ilusiones y los sueños de Rafael.
   Era inevitable . . .
   Era inevitable que Rosa conociera las ilusiones y los sueños de Rafael.
9. Los soldados no están despiertos desde el amanecer.
   Los soldados no quieren . . .
   Los soldados no quieren estar despiertos desde el amanecer.

10. Rafael duerme con los codos sobre la almohada.
    Rafael prefiere ...
    Rafael prefiere dormir con los codos sobre la almohada.
11. El joven vio una esperanza en aquel horizonte gris.
    El joven se fue sin ...
    El joven se fue sin ver una esperanza en aquel horizonte gris.
12. El artista tiene horas libres.
    Importa ...
    Importa que el artista tenga horas libres.
13. El escritor transformó su estilo literario.
    Los amigos hicieron ...
    Los amigos hicieron que el escritor transformara su estilo literario.
14. Rafael empezó a escribir según las corrientes modernas.
    Los amigos le pidieron a Rafael ...
    Los amigos le pidieron a Rafael que empezara a escribir según las corrientes modernas.
15. Todos lo tomaron en serio.
    Habría sido natural ...
    Habría sido natural que todos lo tomaran en serio.
16. El niño come carne.
    La madre prefiere ...
    La madre prefiere que el niño coma carne.
17. El niño come un dulce.
    El niño prefiere ...
    El niño prefiere comer un dulce.
18. La francesa sabía los planes de su marido.
    Sin embargo, la francesa no debía ...
    Sin embargo, la francesa no debía saber los planes de su marido.
19. Rosa conocía los sueños de Rafael.
    Era importante ...
    Era importante que Rosa conociera los sueños de Rafael.
20. Nadie se interesó por sus poesías.
    Publicó su último libro sin ...
    Publicó su último libro sin que nadie se interesara por sus poesías.
21. El ladrón conmueve al juez.
    El abogado pretende ...
    El abogado pretende que el ladrón conmueva al juez.
22. Su esposa contribuía a alimentar sus ilusiones pueriles.
    La madre no quería ...
    La madre no quería que su esposa contribuyera a alimentar sus ilusiones pueriles.
23. Dulcinea se sentía ligeramente culpable.
    Dudo ...
    Dudo que Dulcinea se sintiera ligeramente culpable.
24. Paulina no quería que se realizaran los sueños de Daniel.

      Es raro . . .
      Es raro que Paulina no quisiera que se realizaran los sueños de Daniel.
25. El escritor desea ser rico y famoso.
      Es inútil . . .
      Es inútil que el escritor desee ser rico y famoso.
26. Nadie leyó sus cuentos.
      Es verdad . . .
      Es verdad que nadie leyó sus cuentos.
27. El escritor revisa su último cuento.
      Conviene . . .
      Conviene que el escritor revise su último cuento.
28. Nevó.
      Dijo que no se iba a poner el abrigo hasta . . .
      Dijo que no se iba a poner el abrigo hasta que nevara.
29. El joven autor escribe una novela que capta el alma española.
      Para alcanzar el éxito basta . . .
      Para alcanzar el éxito basta que el joven autor escriba una novela que capte el alma española.
30. Rafael escribe una poesía.
      Rafael mira a la muchacha para . . .
      Rafael mira a la muchacha para escribir una poesía.
31. El dinero del millonario pasará a manos de los pobres.
      Dudo . . .
      Dudo que el dinero del millonario pase a manos de los pobres.
32. Rosa terminó sus estudios.
      Rosa estudió día y noche para . . .
      Rosa estudió día y noche para terminar sus estudios.
33. Despertaba simpatía y burlas a la vez.
      Era inevitable . . .
      Era inevitable que despertara simpatía y burlas a la vez.
34. Se creía capacitado para todo.
      Es verdad . . .
      Es verdad que se creía capacitado para todo.
35. El artista contempló la famosa escultura.
      El artista no salió del museo antes de . . .
      El artista no salió del museo antes de contemplar la famosa escultura.

EJERCICIO DE REPASO: DOS OBJETOS PRONOMINALES

Cambie las oraciones según los modelos. Cubra las respuestas:

MODELOS: El alumno llevó el examen al profesor.
             El alumno se lo llevó.
             lápices

El alumno se los llevó.
   regalar
   El alumno se los regaló.
   a mí
   El alumno me los regaló.
   a nosotros
   El alumno nos los regaló.
   la pluma
   El alumno nos la regaló.
1. El chino mostró la mosca al ruso.
   El chino se la mostró.
   zapatos
   El chino se los mostró.
   a mí
   El chino me los mostró.
   vender
   El chino me los vendió.
   a ti
   El chino te los vendió.
   el libro
   El chino te lo vendió.
   la cerveza
   El chino te la vendió.
   dar
   El chino te la dio.
   a nosotros
   El chino nos la dio.
   a usted
   El chino se la dio.
   pedir
   El chino se la pidió.
   un favor
   El chino se lo pidió.
   a ustedes
   El chino se lo pidió.
   a ellos
   El chino se lo pidió.
2. El poeta escribió una poesía a su novia.
   El poeta se la escribió.
   las poesías
   El poeta se las escribió.
   a sus hermanas
   El poeta se las escribió.
   a ti

El poeta te las escribió.
dictar
El poeta te las dictó.
a su abuela
El poeta se las dictó.
una carta
El poeta se la dictó.
al académico
El poeta se la dictó.
las cartas
El poeta se las dictó.
enviar
El poeta se las envió.
a ti
El poeta te las envió.
a ustedes
El poeta se las envió.
a nosotros
El poeta nos las envió.
a su novia
El poeta se las envió.

3. Los policías pusieron las cadenas al criminal.
Los policías se las pusieron.
a los criminales
Los policías se las pusieron.
quitar
Los policías se las quitaron.
la corbata
Los policías se la quitaron.
el sombrero
Los policías se lo quitaron.
a nosotros
Los policías nos lo quitaron.
a mí
Los policías me lo quitaron.
los zapatos
Los policías me los quitaron.
al esperantista
Los policías se los quitaron.
ofrecer
Los policías se los ofrecieron.
un café
Los policías se lo ofrecieron.
la comida

Los policías se la ofrecieron.
   preparar
   Los policías se la prepararon.
   el desayuno
   Los policías se lo prepararon.
   al comisario
   Los policías se lo prepararon.
4. Será inútil decir la verdad al juez.
   Será inútil decírsela.
   a mí
   Será inútil decírmela.
   a nosotros
   Será inútil decírnosla.
   el cuento
   Será inútil decírnoslo.
   al periodista francés
   Será inútil decírselo.
   los chistes
   Será inútil decírselos.
   repetir
   Será inútil repetírselos.
   a mí
   Será inútil repetírmelos.
   la verdad
   Será inútil repetírmela.
   a usted
   Será inútil repetírsela.
   a ti
   Será inútil repetírtela.
   revelar
   Será inútil revelártela.
   el secreto
   Será inútil revelártelo.
   a ustedes
   Será inútil revelárselo.
5. Estaba enseñando el palacio al turista.
   Estaba enseñándoselo.
   a mí
   Estaba enseñándomelo.
   a usted
   Estaba enseñándoselo.
   a ti
   Estaba enseñándotelo.
   al holandés

Estaba enseñándoselo.
a ustedes
Estaba enseñándoselo.
las antigüedades
Estaba enseñándoselas.
pedir
Estaba pidiéndoselas.
a mí
Estaba pidiéndomelas.
a nosotros
Estaba pidiéndonoslas.
al director
Estaba pidiéndoselas.
vender
Estaba vendiéndoselas.
dar
Estaba dándoselas.
un regalito
Estaba dándoselo.
algunos consejos
Estaba dándoselos.
a nosotros
Estaba dándonoslos.

6. (*Repita este último ejercicio poniendo los pronombres delante del verbo.*)
Estaba enseñando el palacio al turista.
Se lo estaba enseñando.
a mí
Me lo estaba enseñando.
a usted
Se lo estaba enseñando.
a ti
Te lo estaba enseñando.
al holandés
Se lo estaba enseñando.
a ustedes
Se lo estaba enseñando.
las antigüedades
Se las estaba enseñando.
pedir
Se las estaba pidiendo.
a mí
Me las estaba pidiendo.
a nosotros

Nos las estaba pidiendo.
al director
Se las estaba pidiendo.
vender
Se las estaba vendiendo.
dar
Se las estaba dando.
un regalito
Se lo estaba dando.
algunos consejos
Se los estaba dando.
a nosotros
Nos los estaba dando.

EJERCICIOS DE REPASO: LAS FORMAS DEL TIEMPO FUTURO Y EL POTENCIAL

Ejercicio A. *Haga las sustituciones indicadas en el paréntesis. Cubra las respuestas:*

1. El niño se pregunta cuándo llegará a ser filósofo. (nosotros)
   Nos preguntamos cuándo llegaremos a ser filósofos. (tú)
   Te preguntas cuándo llegarás a ser filósofo. (ella)
   Se pregunta cuándo llegará a ser filósofo. (José)
   José se pregunta cuándo llegará a ser filósofo. (los mexicanos)
   Los mexicanos se preguntan cuándo llegarán a ser filósofos. (él y yo)
   Nos preguntamos cuándo llegaremos a ser filósofos. (ustedes)
   Se preguntan cuándo llegarán a ser filósofos. (usted)
   Se pregunta cuándo llegará a ser filósofo.
2. No creeré en ellos hasta que sepan curar el resfriado. (usted)
   No creerá en ellos hasta que sepan curar el resfriado. (ella)
   No creerá en ellos hasta que sepan curar el resfriado. (ustedes)
   No creerán en ellos hasta que sepan curar el resfriado. (nosotros)
   No creeremos en ellos hasta que sepan curar el resfriado. (tú)
   No creerás en ellos hasta que sepan curar el resfriado. (tú y yo)
   No creeremos en ellos hasta que sepan curar el resfriado.
3. Recibirá su castigo a manos de la maestra. (yo)
   Recibiré mi castigo a manos de la maestra. (Vasconcelos)
   Vasconcelos recibirá su castigo a manos de la maestra. (nosotros)
   Recibiremos nuestro castigo a manos de la maestra. (los malvados)
   Los malvados recibirán su castigo a manos de la maestra. (usted y yo)
   Recibiremos nuestro castigo a manos de la maestra.
4. Podrán hacerlo y sin duda lo harán. (yo)
   Podré hacerlo y sin duda lo haré. (ustedes)
   Podrán hacerlo y sin duda lo harán. (el mexicano)
   El mexicano podrá hacerlo y sin duda lo hará. (tú y yo)
   Podremos hacerlo y sin duda lo haremos. (los otros)
   Los otros podrán hacerlo y sin duda lo harán.
5. Saldré mañana pero estaré de vuelta para la noche. (el médico polaco)
   El médico polaco saldrá mañana pero estará de vuelta para la noche. (tú)
   Saldrás mañana pero estarás de vuelta para la noche. (los tejanos)
   Los tejanos saldrán mañana pero estarán de vuelta para la noche. (ellos)
   Saldrán mañana pero estarán de vuelta para la noche. (usted)

Saldrá mañana pero estará de vuelta para la noche. (nosotros)
   Saldremos mañana pero estaremos de vuelta para la noche.
6. No tendrá éxito y eso lo sabrá a la salida. (el jefe)
   El jefe no tendrá éxito y eso lo sabrá a la salida. (los cabos)
   Los cabos no tendrán éxito y eso lo sabrán a la salida. (tú)
   No tendrás éxito y eso lo sabrás a la salida. (ustedes)
   No tendrán éxito y eso lo sabrán a la salida. (ellas)
   No tendrán éxito y eso lo sabrán a la salida. (él y yo)
   No tendremos éxito y eso lo sabremos a la salida.
7. Ya que vendrá tarde querrá descansar. (Rojas)
   Ya que Rojas vendrá tarde querrá descansar. (mis amigos)
   Ya que mis amigos vendrán tarde querrán descansar. (el otro)
   Ya que el otro vendrá tarde querrá descansar. (tú y el)
   Ya que vendrán tarde querrán descansar. (nosotros)
   Ya que vendremos tarde querremos descansar. (usted)
   Ya que vendrá tarde querrá descansar.
8. Dirá la verdad, se pondrá el saco y saldrá. (el barbero)
   El barbero dirá la verdad, se pondrá el saco y saldrá. (yo)
   Diré la verdad, me pondré el saco y saldré. (los carpinteros)
   Los carpinteros dirán la verdad, se pondrán el saco y saldrán. (el maestro y yo)
   El maestro y yo diremos la verdad, nos pondremos el saco y saldremos. (tú)
   Dirás la verdad, te pondrás el saco y saldrás.

Ejercicio B. *Cambie las siguientes oraciones al futuro. Cubra las respuestas:*

MODELOS: Es lo de siempre.
          Será lo de siempre.

          Nunca se puede fiar uno de nadie.
          Nunca se podrá fiar uno de nadie.

1. Más vale no decir nada.
   Más valdrá no decir nada.
2. Vive en un cuartel.
   Vivirá en un cuartel.
3. Todo el mundo se opone.
   Todo el mundo se opondrá.
4. Mi hijo es barbero.
   Mi hijo será barbero.
5. ¿Quién sabe por qué?
   ¿Quién sabrá por qué?
6. Se entra por una puerta estrecha.
   Se entrará por una puerta estrecha.
7. Pero yo hago mi deber porque tengo que hacerlo.
   Pero yo haré mi deber porque tendré que hacerlo.

8. ¿De qué viven?
   ¿De qué vivirán?
9. No hay oposición y me es igual.
   No habrá oposición y me será igual.
10. Estamos listos para la fiesta.
    Estaremos listos para la fiesta.
11. A lo peor viene el jefe.
    A lo peor vendrá el jefe.
12. Doy una mirada al grupo.
    Daré una mirada al grupo.
13. Sí, eso puede ser.
    Sí, eso podrá ser.
14. Nunca pagamos la cuenta.
    Nunca pagaremos la cuenta.
15. Y yo me pongo el chaleco inglés.
    Y yo me pondré el chaleco inglés.
16. Siguen examinándome.
    Seguirán examinándome.
17. Y salgo a la calle.
    Y saldré a la calle.
18. Se sube al segundo piso por una escalera.
    Se subirá al segundo piso por una escalera.
19. Siempre soy el primero en llegar.
    Siempre seré el primero en llegar.
20. Conviene decírselo.
    Convendrá decírselo.
21. Está borracho hasta la idiotez.
    Estará borracho hasta la idiotez.
22. Siempre sostengo la verdad.
    Siempre sostendré la verdad.
23. ¿Pero adónde vas a estas horas?
    ¿Pero adónde irás a estas horas?
24. Nadie quiere ayudarme.
    Nadie querrá ayudarme.
25. Vamos hasta la comisaría.
    Iremos hasta la comisaría.
26. ¿Adónde me llevan?
    ¿Adónde me llevarán?
27. En seguida te acuestas.
    En seguida te acostarás.
28. No vale la pena.
    No valdrá la pena.
29. Ya se lo explico.
    Ya se lo explicaré.

30. Se encuentran en el café de la esquina.
    Se encontrarán en el café de la esquina.
31. Eso depende del juez.
    Eso dependerá del juez.
32. El avión sale a las tres.
    El avión saldrá a las tres.
33. A los ladrones los tratan mal.
    A los ladrones los tratarán mal.
34. ¿De dónde le viene tanto dinero?
    ¿De dónde le vendrá tanto dinero?
35. El ser humano es así.
    El ser humano será así.
36. En ese momento se abre la puerta.
    En ese momento se abrirá la puerta.
37. Se quita el sombrero y los guantes.
    Se quitará el sombrero y los guantes.
38. ¿Quién se lo dice?
    ¿Quién se lo dirá?
39. A este individuo lo metemos al calabozo.
    A este individuo lo meteremos al calabozo.
40. Es inútil resistir.
    Será inútil resistir.
41. Lo hacemos por deber, nada más.
    Lo haremos por deber, nada más.
42. El alemán bebe poco.
    El alemán beberá poco.
43. La cuestión se decide después.
    La cuestión se decidirá después.
44. El público aplaude con entusiasmo.
    El público aplaudirá con entusiasmo.
45. El cabo de guardia registra al ladrón.
    El cabo de guardia registrará al ladrón.
46. Mañana le traigo la bicicleta.
    Mañana le traeré la bicicleta.
47. Ni tú ni yo lo sabemos.
    Ni tú ni yo lo sabremos.
48. El francés deja de cantar.
    El francés dejará de cantar.
49. El chino busca otra mosca.
    El chino buscará otra mosca.

9.8 Ejercicio A. *Conteste a las preguntas con el futuro perfecto. Cubra las respuestas:*

MODELOS: ¿Lo van a hacer?
Yo creo que lo habrán hecho ya.

¿Lo van a construir?
Yo creo que lo habrán construido ya.

1. ¿Lo van a devolver?
Yo creo que lo habrán devuelto ya.
2. ¿Lo van a arrestar?
Yo creo que lo habrán arrestado ya.
3. ¿Lo van a detener?
Yo creo que lo habrán detenido ya.
4. ¿Lo van a decir?
Yo creo que lo habrán dicho ya.
5. ¿Lo van a servir?
Yo creo que lo habrán servido ya.
6. ¿Lo van a despedir?
Yo creo que lo habrán despedido ya.
7. ¿Lo van a poner?
Yo creo que lo habrán puesto ya.
8. ¿Lo van a descubrir?
Yo creo que lo habrán descubierto ya.
9. ¿Lo van a suspender?
Yo creo que lo habrán suspendido ya.
10. ¿Lo van a convencer?
Yo creo que lo habrán convencido ya.
11. ¿Lo van a proponer?
Yo creo que lo habrán propuesto ya.
12. ¿Lo van a escribir?
Yo creo que lo habrán escrito ya.
13. ¿Lo van a mirar?
Yo creo que lo habrán mirado ya.
14. ¿Lo van a encender?
Yo creo que lo habrán encendido ya.
15. ¿Lo van a castigar?
Yo creo que lo habrán castigado ya.
16. ¿Lo van a cubrir?
Yo creo que lo habrán cubierto ya.
17. ¿Lo van a registrar?
Yo creo que lo habrán registrado ya.
18. ¿Lo van a decidir?
Yo creo que lo habrán decidido ya.
19. ¿Lo van a describir?
Yo creo que lo habrán descrito ya.
20. ¿Lo van a resolver?
Yo creo que lo habrán resuelto ya.

21. ¿Lo van a abrir?
    Yo creo que lo habrán abierto ya.
22. ¿Lo van a dar?
    Yo creo que lo habrán dado ya.
23. ¿Lo van a inscribir?
    Yo creo que lo habrán inscrito ya.
24. ¿Lo van a romper?
    Yo creo que lo habrán roto ya.
25. ¿Lo van a ver?
    Yo creo que lo habrán visto ya.
26. ¿Lo van a construir?
    Yo creo que lo habrán construido ya.

Ejercicio B. *Cambie las siguientes oraciones al pasado. Cubra las respuestas:*

MODELOS: Dice que estará listo para todo.
　　　　　Decía que estaría listo para todo.

　　　　　Se pregunta si haremos todo lo necesario.
　　　　　Se preguntaba si haríamos todo lo necesario.

1. Me dicen que tendrán dificultades.
   Me decían que tendrían dificultades.
2. ¿Cómo sabes que te escribirán?
   ¿Cómo sabías que te escribirían?
3. Estoy seguro de que volverán.
   Estaba seguro de que volverían.
4. Me prometen que eso no lo sabremos.
   Me prometían que eso no lo sabríamos.
5. Nos aseguran que dirán la verdad.
   Nos aseguraban que dirían la verdad.
6. Comprendo que no será posible.
   Comprendía que no sería posible.
7. Se imagina que estará de moda.
   Se imaginaba que estaría de moda.
8. No hay duda que se opondrá.
   No había duda que se opondría.
9. ¿Quién te dice que no vendrá nadie?
   ¿Quién te decía que no vendría nadie?
10. Hay muchos que se morirán de hambre.
    Había muchos que se morirían de hambre.
11. Te digo que saldré con ella.
    Te decía que saldría con ella.
12. Es indudable que querrán asistir.
    Era indudable que querrían asistir.

13. Tengo la seguridad de que lo permitirán.
    Tenía la seguridad de que lo permitirían.
14. No se puede negar que ganaremos mucho.
    No se podía negar que ganaríamos mucho.
15. Todo el mundo sabe que lo condenarán a muerte.
    Todo el mundo sabía que lo condenarían a muerte.
16. Dice que nos podrán ayudar.
    Decía que nos podrían ayudar.
17. Es cierto que no llegarán a resucitarlo.
    Era cierto que no llegarían a resucitarlo.
18. Es cierto que no valdrá la pena.
    Era cierto que no valdría la pena.
19. No hay dudas que habrá muchos problemas.
    No había dudas que habría muchos problemas.

9.9 Ejercicio A.
En la primera línea aparecen dos oraciones. Cámbielas a una oración con si. Después, cambie dicha oración al estilo indirecto, comenzando con la forma indicada en la tercera línea. Cubra las respuestas:

MODELOS: No estudia para el examen. Saldrá mal.
Si no estudia para el examen, saldrá mal.
El profesor dijo . . .
El profesor dijo que si no estudiaba para el examen, saldría mal.

El niño tiene dinero. Compra dulces.
Si el niño tiene dinero, compra dulces.
La señora comentó . . .
La señora comentó que si el niño tenía dinero, compraba dulces.

1. Baja las escaleras a saltos. Se puede caer.
   Si baja las escaleras a saltos, se puede caer.
   La vecina le dijo . . .
   La vecina le dijo que si bajaba las escaleras a saltos, se podía caer.
2. Sale a vagabundear. No irá a la oficina.
   Si sale a vagabundear, no irá a la oficina.
   La madre le dijo . . .
   La madre le dijo que si salía a vagabundear, no iría a la oficina.
3. Su tía no la comprende. No quiere vivir con ella.
   Si su tía no la comprende, no quiere vivir con ella.
   Juana se dijo . . .
   Juana se dijo que si su tía no la comprendía, no quería vivir con ella.
4. Obedece. La tratan bien.
   Si obedece la tratan bien.
   Ella sabía . . .
   Ella sabía que si obedecía la trataban bien.

5. Se somete a la disciplina. Su tía le dará dinero.
   Si se somete a la disciplina, su tía le dará dinero.
   Sus amigas le decían . . .
   Sus amigas le decían que si se sometía a la disciplina, su tía le daría dinero.
6. Le dan la razón. Doña Micaela es amable.
   Si le dan la razón, doña Micaela es amable.
   Rosa dijo . . .
   Rosa dijo que si le daban la razón, doña Micaela era amable.
7. Estudia el piano. Será una pianista famosa.
   Si estudia el piano, será una pianista famosa.
   Doña Micaela le dijo . . .
   Doña Micaela le dijo que si estudiaba el piano, sería una pianista famosa.
8. Se encamina hacia la música. Tendrá fama y dinero.
   Si se encamina hacia la música, tendrá fama y dinero.
   El profesor de piano le dijo . . .
   El profesor de piano le dijo que si se encaminaba hacia la música, tendría fama y dinero.
9. Prefiere morirse de hambre. Yo no tengo la culpa.
   Si prefiere morirse de hambre, yo no tengo la culpa.
   Doña Micaela pensó . . .
   Doña Micaela pensó que si prefería morirse de hambre, ella no tenía la culpa.
10. Soy libre. Soy feliz.
    Si soy libre, soy feliz.
    Rosa afirmaba . . .
    Rosa afirmaba que si era libre, era feliz.
11. La muchacha no vive con su tía rica. No la heredará.
    Si la muchacha no vive con su tía rica, no la heredará.
    Todos sabían . . .
    Todos sabían que si la muchacha no vivía con su tía rica, no la heredaría.
12. Nadie sabe apreciar esos bellos cuadros. Pasarán a manos extrañas.
    Si nadie sabe apreciar esos bellos cuadros, pasarán a manos extrañas.
    Su tía repetía . . .
    Su tía repetía que si nadie sabía apreciar esos bellos cuadros, pasarían a manos extrañas.
13. Habla. Siempre dice algo molesto.
    Si habla, siempre dice algo molesto.
    Pensaba . . .
    Pensaba que si hablaba, siempre decía algo molesto.
14. Toca el piano. Su tía se duerme.
    Si toca el piano, su tía se duerme.
    Rosa sabía . . .
    Rosa sabía que si tocaba el piano, su tía se dormía.
15. Pierde la juventud en aquella casa. Obtendrá aquellos muebles tan apreciados.
    Si pierde la juventud en aquella casa, obtendrá aquellos muebles tan apreciados.

Pensaba...
Pensaba que si perdía la juventud en aquella casa, obtendría aquellos muebles tan apreciados.
16. Les doy buenas notas a los alumnos. Seré el profesor más popular.
Si les doy buenas notas a los alumnos, seré el profesor más popular.
Opinaba...
Opinaba que si les daba buenas notas a los alumnos, sería el profesor más popular.

Ejercicio B. *En el siguiente ejercicio aparece una narración corta. Cambie los párrafos que aparecen en bastardillas a oraciones con* si, *siguiendo las instrucciones que aparecen en los paréntesis:*

El silencio

Doña Bernarda era una mujer horrible, dominante, casi cruel. Después de comer, ella y su sobrina Isabel se sentaban en la sala.

Desde que amanecía, Isabel pensaba en aquel momento en que estarían en la sala solitaria una frente a la otra. Durante el día se hacía preguntas como éstas:

«*¿Hablaré o guardaré silencio? ¿Tocaré el piano o empezaré a coser? ¿Esperaré a que ella hable o hablaré yo primero? ¿Contestaré a sus preguntas o me quedaré callada?*»

Ella no sabía qué hacer. No podía contestar a esas preguntas. Pensaba:

(Cambie el párrafo en bastardillas a oraciones que empiecen con **No sé si**. Hágalo oralmente primero, después escriba sus oraciones en el espacio en blanco. Compare sus respuestas con las formas correctas que aparecen en negrita.)

_____

_____

_____

_____

«**No sé si hablaré o guardaré silencio. No sé si tocaré el piano o empezaré a coser. No sé si esperaré a que ella hable o hablaré yo primero. No sé si contestaré a sus preguntas o me quedaré callada.**»

Para doña Bernarda la vida estaba formada por una serie de reglas, las cuales tenían causa y efecto. Grandes verdades, decía ella. Día a día se las repetía a su sobrina Isabel.

— *Ve a misa todos los días; serás querida del cura, que es un santo varón* (man). *Reza tus oraciones; serás querida de Dios, que es lo único que debe importarte. Obedece; serás premiada. Mira poco a los hombres; te librarás del Diablo. Piensa sólo en los estudios; podrás encontrar un buen trabajo en el futuro. Lee sólo libros morales; salvarás tu alma.*

La buena Isabel obedecía. Por la noche, sola en su cuarto, volvían a su mente las palabras de su tía:

(Repita oralmente las palabras de doña Bernarda, usando ahora oraciones con **si**. Haga el ejercicio después por escrito.)

— Si vas a misa todos los días, serás querida del cura, que es un santo varón. Si rezas tus oraciones, serás querida de Dios, que es lo único que debe importarte. Si obedeces, serás premiada. Si miras poco a los hombres, te librarás del Diablo. Si piensas sólo en los estudios, podrás encontrar un buen trabajo en el futuro. Si lees sólo libros morales, salvarás tu alma.

Después se dormía. En el sueño, la obediente Isabel era otra: una muchacha infernal que no seguía los sanos consejos de su tía. No iba a misa todos los días, no rezaba, no obedecía, miraba a los hombres, no pensaba en los estudios, leía libros inmorales.

Al despertarse, Isabel pensaba en la muchacha del sueño y se decía:

(Pensando ahora en las acciones de la muchacha del sueño, cambie nuevamente el segundo párrafo en bastardillas, usando la construcción con **si**.)

— Si hubiera ido a misa todos los días, habría sido querida del cura, que es un santo varón. Si hubiera rezado sus oraciones, habría sido querida de Dios, que es lo único que debe importarle. Si hubiera obedecido, habría sido premiada. Si hubiera mirado poco a los hombres, se habría librado del Diablo. Si hubiera pensado sólo en los estudios, habría podido encontrar un buen trabajo. Si hubiera leído sólo libros morales, habría salvado su alma.

E Isabel caminaba por el jardín. Se hacía preguntas:

«*¿Escaparé o moriré entre estas sombras? ¿Me libraré de esta angustia o me matará la pena? ¿Gritaré o me ahogará el silencio?*»

Sin obtener una respuesta, pensaba:
(Cambie las preguntas anteriores a oraciones que empiecen con **No sé si**.)

_____

_____

_____

_____

«**No sé si escaparé o moriré entre estas sombras. No sé si me libraré de esta angustia o me matará la pena. No sé si gritaré o me ahogará el silencio.**»

Ejercicio C. *Conteste a las preguntas siguiendo los modelos. De acuerdo con las ideas que aparecen en los parentesis, use el indicativo o el subjuntivo. Cubra las respuestas:*

MODELOS: (Se acercó a la puerta del cuarto para oír. Ellos hablaban al otro lado.)
¿Escuchó? ¿Oyó a los compadres?
Si escuchó, oyó a los compadres.

(La puerta de su casa es ancha y alta.)
¿Es estrecha y baja la puerta de su casa? ¿Tendrá que inclinarse para pasar?
Si fuera estrecha y baja la puerta de su casa, tendría que inclinarse para pasar.

1. (Se siente mal y por eso se queda en la casa.)
   ¿Va a la universidad? ¿La verá Candelario con su nuevo vestido de primavera?
   Si fuera a la universidad, Candelario la vería con su nuevo vestido de primavera.
2. (El dinero le sobra. Ha podido hasta ahorrar un poco.)
   ¿Tiene problemas económicos? ¿Les escribirá a sus padres?
   Si tuviera problemas económicos, les escribiría a sus padres.
3. (Vive a la entrada del pasillo. Sale poco. Todos pasan por allí y hacen ruido.)
   ¿Se pasa el día en su cuarto? ¿Oye entrar y salir a los vecinos?
   Si se pasa el día en su cuarto, oye entrar y salir a los vecinos.
4. (Viven en una casa rodeada de jardines.)
   ¿Viven en un monasterio? ¿Tratarán de estar en paz con los vecinos?
   Si vivieran en un monasterio, tratarían de estar en paz con los vecinos.
5. (Nunca tiene un arma encima.)
   ¿Lleva navaja? ¿Se defenderá del criminal?
   Si llevara navaja, se defendería del criminal.
6. (Es imposible saber donde se oculta el ladrón.)
   ¿Lo encuentran por alguna parte? ¿Lo meterán en la prisión?
   Si lo encontraran por alguna parte, lo meterían en la prisión.
7. (Las voces se oían claramente. Él podía distinguirlas desde su cuarto.)
   ¿Escuchó? ¿Oyó a los compadres?
   Si escuchó, oyó a los compadres.
8. (El carpintero estaba en el patio. Sólo era necesario salir para verlo.)

¿Salió el barbero al patio? ¿Vio al carpintero?
Si el barbero salió al patio, vio al carpintero.
9. (Vive a la entrada del pasillo, pero sale mucho.)
¿Se pasa el día en su cuarto? ¿Oye entrar y salir a los vecinos?
Si se pasara el día en su cuarto, oiría entrar y salir a los vecinos.
10. (El relojero vive en la última pieza al final del pasillo.)
¿Vive a la entrada del pasillo? ¿Podrá escuchar los comentarios de los vecinos?
Si viviera a la entrada del pasillo, podría escuchar los comentarios de los vecinos.

EJERCICIO DE REPASO: PRETÉRITO VERSUS IMPERFECTO

La primera vez lea el ejercicio en alta voz sin hacer cambios. La segunda vez ponga los verbos en tiempo pasado. Cubra las respuestas:

A mí me *gusta* (1) ir a la escuela y no *falto* (2) nunca. *Es* (3) la mejor diversión que *tengo* (4). Periódicamente se *celebran* (5) concursos de deletreo. Una vez *gano* (6) uno de nombres geográficos. El año que nos *toca* (7) una señorita *recibo* (8) mi primer castigo. *Cometo* (9) una falta y ella me *obliga* (10) a extender la mano. En ella *cae* (11) un varazo dado con ganas. Una vez castigado, se me *dice* (12), — Ahora, a sentarse —. A poco rato, la maestra me *hace* (13) una pregunta. Así *es* (14) en esa escuela. Cuando se *comete* (15) una falta, se *paga* (16) y eso *es* (17) todo. No *hay* (18) ira, no *hay* (19) remordimientos.

En las disputas que frecuentemente *origina* (20) la historia de Texas, se *ve* (21) la ecuanimidad de la maestra. La clase *está* (22) dividida en campos rivales porque nadie *puede* (23) olvidar la guerra del 47. En general, los temas históricos se *discuten* (24) democráticamente. Sin embargo, siempre que se *afirma* (25) en clase, como a veces *ocurre* (26) que cien tejanos *pueden* (27) hacer correr a mil mexicanos, yo me *levanto* (28) a decir que no *es* (29) cierto.

Las disputas no siempre *terminan* (30) en la clase. Un día, la discusión *termina* (31) con un: — Eso lo veremos a la salida —. Apenas *termina* (32) la lección, nos *dirigimos* (33) al extremo del llano inmediato a la escuela. Allí se *hace* (34) el corro. Un yankee rubio y yo *estamos* (35) en el centro. *Empezamos* (36) a pegarnos. Desde el principio, *llevo* (37) la peor parte. Una y otra vez me *enlazo* (38) con él, pretendiendo derribarlo, pero me *es* (39) imposible. Por fin, *pierdo* (40) la serenidad y *empiezo* (41) a lanzar patadas. *Es* (42) entonces cuando los amigos me *gritan* (43) — ¡Ríndete, basta! — Pero yo *sigo* (44) en la pelea; no *siento* (45) el dolor. Por fin, *viene* (46) el maestro a separarnos. Como no *hay* (47) shake-hands, *queda* (48) pendiente la pelea.

1. gustaba 2. faltaba
3. Era 4. tenía
5. celebraban 6. gané
7. tocó
8. recibí 9. cometí
10. obligó
11. cayó
12. dijo
13. hizo 14. era
15. cometía 16. pagaba
17. era 18. había
19. había 20. originaba
21. veía
22. estaba
23. podía
24. discutían
25. afirmaba
26. ocurría 27. podían
28. levantaba 29. era
30. terminaban
31. terminó
32. terminó
33. dirigimos
34. hizo 35. estábamos
36. Empezamos
37. llevé 38. enlacé
39. era
40. perdí 41. empecé
42. Fue 43. gritaron
44. seguía
45. sentía 46. vino
47. hubo 48. quedó

10

10·10 *Ejercicio A. Complete las oraciones con las ideas que aparecen en los paréntesis. Cubra las respuestas:*

MODELOS: (Discute con el jefe.)
No conozco a nadie que . . .
discuta con el jefe.

En esa oficina hay varios empleados que siempre . . .
discuten con el jefe.

Aquí no hay muchos que . . .
discutan con el jefe.

Voy a felicitar a cualquiera que . . .
discuta con el jefe.

En la fábrica no había obreros que . . .
discutieran con el jefe.

Allí está el empleado que . . .
discute con el jefe.

(Lleva una piel de zorro.)
1. Nunca he visto a nadie que . . .
lleve una piel de zorro.
2. Veo entrar una mujer muy elegante que . . .
lleva una piel de zorro.
3. Durante los meses de verano, ¿hay alguna mujer que . . .
lleve una piel de zorro?
4. Estoy seguro que vendrá esa señora que siempre . . .
lleva una piel de zorro.
5. El periodista tiene elogios para la elegante señora que . . .
lleva una piel de zorro.
6. No había una sola invitada que . . .
llevara una piel de zorro.
7. ¿Dónde es posible encontrar una estudiante que . . .
lleve una piel de zorro?
8. En esta universidad no había ninguna alumna que . . .
llevara una piel de zorro.

9. ¿Te parece extranjera esa alumna que . . .
   lleva una piel de zorro?
10. ¿Es verdad que estabas enamorado de una muchacha que . . .
    llevaba una piel de zorro?

(Tiene un bastón de puño de oro.)
11. No miran con simpatía a ningún hombre que . . .
    tenga un bastón de puño de oro.
12. Invitaría a la fiesta a cualquier persona que . . .
    tuviera un bastón de puño de oro.
13. Garamendi era un hombre orgulloso que . . .
    tenía un bastón de puño de oro.
14. ¡Qué simpático es aquel señor que . . .
    tiene un bastón de puño de oro!
15. ¿Dónde está el caballero que . . .
    tiene un bastón de puño de oro?
16. ¿Hay en esta ciudad algún millonario que . . .
    tenga un bastón de puño de oro?
17. Yo no creía que existiera un hombre que . . .
    tuviera un bastón de puño de oro.
18. El millonario es aquel señor que . . .
    tiene un bastón de puño de oro.
19. La mujer trataba de hallar un hombre rico que . . .
    tuviera un bastón de puño de oro.
20. Encontró a un hombre que . . .
    tenía un bastón de puño de oro.

(Comparte mis ideales.)
21. No conozco a nadie que . . .
    comparta mis ideales.
22. Conozco a alguien que . . .
    comparte mis ideales.
23. Yo no pensaba que ésa fuera la mujer que . . .
    compartiera mis ideales.
24. Estoy buscando a alguien que . . .
    comparta mis ideales.
25. No es posible encontrar un ser humano que . . .
    comparta mis ideales.
26. Hay unos cuantos que . . .
    comparten mis ideales.
27. En la antigua Roma no había gente que . . .
    compartiera mis ideales.
28. Al fin encuentro un buen hombre que . . .
    comparte mis ideales.
29. Nunca discuto con aquellos que . . .
    comparten mis ideales.

30. Trataba de encontrar un amigo que . . .
    compartiera mis ideales.

(Está prohibido.)
31. No leo ningún libro que . . .
    esté prohibido.
32. A veces leo cosas que . . .
    están prohibidas.
33. Pensaba comprar un libro que . . .
    estuviera prohibido.
34. Hay varios libros de ese autor que . . .
    están prohibidos.
35. El periodista nunca elogia una novela que . . .
    esté prohibida.
36. Me extraña que ese periodista elogie esa novela que . . .
    está prohibida.
37. Entró en la librería y buscó algún libro que no . . .
    estuviera prohibido.
38. En ese país comunista no era posible publicar nada que . . .
    estuviera prohibido.
39. Para muchos no hay nada que . . .
    esté prohibido.
40. Nunca maneja a una velocidad que . . .
    esté prohibida.

(Va de vacaciones a San Sebastián.)
41. No conozco a nadie que . . .
    vaya de vacaciones a San Sebastián.
42. Deseaba encontrar a alguien que . . .
    fuera de vacaciones a San Sebastián.
43. No hay muchos esquimales que . . .
    vayan de vacaciones a San Sebastián.
44. Conozco a varios españoles que . . .
    van de vacaciones a San Sebastián.
45. Tal vez ésa sea la señora que siempre . . .
    va de vacaciones a San Sebastián.
46. Precisamente anoche hablé con un señor que nunca . . .
    va de vacaciones a San Sebastián.
47. Soy uno de los que . . .
    van de vacaciones a San Sebastián.
48. Francamente, no me parece que haya un campesino que . . .
    vaya de vacaciones a San Sebastián.
49. Como quiere compañía necesita un amigo que . . .
    vaya de vacaciones a San Sebastián.
50. Hay muchos millonarios que . . .
    van de vacaciones a San Sebastián.

Ejercicio B. *Complete la siguiente narración con la forma verbal correcta. Cubra las respuestas:*

El viaje

— No me importa lo que (1. poder) _____ costar ese viaje a Europa; con tal de ir, pagaré lo que (2. ser) _____.

— Sin embargo, es razonable lo que (3. decir) _____ tu marido.

— ¿Raúl? Ni pienso consultarlo. ¡Diga lo que (4. decir) _____, no me interesa lo que (5. poder) _____ opinar sobre el asunto!

— Tú has debido comprender sus bien pensados argumentos, Luisa. Lo único que Raúl (6. querer) _____ es posponer el viaje por un año.

— ¡Qué poco lo conoces! ¡Es un mal hombre, un egoísta! ¡No le interesa lo que yo (7. tener) _____ que sufrir con tal de imponer sus ideas! ¡Es horrible lo que yo (8. tener) _____ que pasar día tras día!

— Eres una apasionada, una exagerada. Tu marido, simplemente, piensa las cosas dos veces. Lo que (9. opinar) _____ está dictado por la lógica.

— ¡Lo conozco tan bien! ¡Ahogarme entre estas cuatro paredes . . . ! Eso es lo que (10. pretender) _____.

— ¡Loca! ¡Loca! Sea lo que (11. ser) _____, él sólo quiere tu bienestar.

1. pueda
2. sea
3. dice
4. diga
5. pueda
6. quiere
7. tenga
8. tengo
9. opina
10. pretende
11. sea

— Te ha convencido. Por eso le das la razón. Eso es lo que (12. pasar) _____. 12. pasa

— Estás enferma de los nervios. Es fácil comprender lo que tú (13. tener) _____. 13. tienes

— ¡Estoy sola, abandonada por todos! ¡Nadie me quiere! ¿A quién le importa lo que yo (14. tener) _____ o lo que (15. dejar) _____ de tener? 14. tenga
15. deje

— Toma estas pastillas para los nervios. Lo que (16. deber) _____ hacer es tomarlas todos los días. Y no es cierto lo que (17. decir) _____: a nosotros nos importa lo que te (18. pasar) _____. 16. debes
17. dices
18. pasa

— Bien, me he dejado llevar por mis impulsos. Lo que (19. deber) _____ hacer es calmarme. 19. debo

— Es lo que yo (20. estar) _____ diciéndote. 20. estoy

— La salud... Es lo más importante. Eso es lo que siempre (21. opinar) _____ mamá. 21. opina

— Y es lo que (22. decir) _____ yo también. ¡Nunca, pero nunca, hagas lo que (23. poder) _____ dañar tu salud! 22. digo
23. pueda

— Bien. Lo tomaré con calma. Haré como tú dices. Lo que (24. poder) _____ hacer es esperar que Raúl regrese del trabajo. Trataré de no enojarme. ¡Mi salud, que es lo que me (25. preocupar) _____, está en peligro! 24. puedo
25. preocupa

10·11 Ejercicio A. *Cambie las oraciones siguiendo las equivalencias más frecuentes entre los tiempos. Cubra las respuestas:*

MODELOS: Probablemente cultivan sus tabacales.
Sí, deben (de) cultivarlos.

Supongo que cultivan sus tabacales en el verano, ¿no cree usted?
Sí, deben (de) cultivarlos en el verano.

¿Cultivarán sus tabacales en el verano?
Sí, deben (de) cultivarlos en el verano.

El campesino estaba en su tabacal, ¿no es cierto?
Sí, debía (de) estar en su tabacal.

¿Es probable que estuviera cultivando el tabacal?
Sí, debía (de) estarlo cultivando.

Es probable que lo haya cultivado con sus hijos, ¿no?
Sí, debe (de) haberlo cultivado con sus hijos.

Probablemente había estado cultivando, ¿verdad?
Sí, debía (de) haber estado cultivando.

1. Probablemente los automóviles se detienen en la frontera.
   Sí, deben (de) detenerse en la frontera.
2. Estaban cansados, ¿no es así?
   Sí, debían (de) estarlo.
3. Posiblemente se sentó en el andén.
   Sí, debe (de) haberse sentado en el andén.
4. Se había marchado muy lejos, ¿no es verdad?
   Sí, debía (de) haberse marchado muy lejos.
5. Probablemente advirtió las maletas sobre el banco.
   Sí, debe (de) haberlas advertido.
6. Entregó los documentos, ¿no es cierto?
   Sí, debe (de) haberlos entregado.
7. Es probable que fuera un largo viaje.
   Sí, debía (de) serlo.
8. Probablemente supo la solución.
   Sí, debe (de) haberla sabido.
9. Había visitado a los pacíficos moradores, ¿no es cierto?
   Sí, debía (de) haberlos visitado.
10. ¿Carecían de sellos de correo?
    Sí, debían (de) carecer de sellos de correo.
11. Es probable que carezcan de un alfabeto, ¿verdad?
    Sí, deben (de) carecer de un alfabeto.
12. Habían tenido muchos templos, ¿no lo cree usted?
    Sí, debían (de) haberlos tenido.

13. Probablemente hace frío, ¿verdad?
    Sí, debe (de) hacerlo.
14. ¿Se detuvo el reloj?
    Sí, debe (de) haberse detenido.
15. Es probable que estuvieran examinando las maletas, ¿verdad?
    Sí, debían (de) estarlas examinando.
16. ¿Es probable que el niño lo esperara con la boca abierta?
    Sí, debía (de) esperarlo con la boca abierta.
17. El niño lo espera con la boca abierta, ¿no?
    Sí, debe (de) esperarlo con la boca abierta.
18. Obtuvo algún provecho, ¿no es cierto?
    Sí, debe (de) haberlo obtenido.
19. Tenían ideas parecidas, ¿no?
    Sí, debían (de) tenerlas.
20. Atraviesa la tierra en todas direcciones, ¿verdad?
    Sí, debe (de) atravesarla en todas direcciones.
21. Probablemente están abriendo nuestros baúles, ¿no?
    Sí, deben (de) estarlos abriendo.
22. Es posible que tenga unos diez años.
    Sí, debe (de) tenerlos.
23. Será el mejor investigador, ¿no es así?
    Sí, debe (de) serlo.
24. Probablemente había estado en Andorra, ¿no le parece?
    Sí, debía (de) haber estado en Andorra.
25. Tenía sentimientos ejemplares, ¿verdad?
    Sí, debía (de) tenerlos.
26. Probablemente guardaba la ropa en los baúles, ¿no?
    Sí, debía (de) guardarla allí.
27. Probablemente había ido, ¿no?
    Sí, debía (de) haber ido.
28. Está trepando la cuesta, ¿verdad?
    Sí, debe (de) estarla trepando.
29. Trepó una cuesta, ¿verdad?
    Sí, debe (de) haberla trepado.
30. Probablemente habían tenido ideas parecidas, ¿verdad?
    Sí, debían (de) haberlas tenido.
31. Probablemente estaba en Andorra, ¿no?
    Sí, debía (de) estar en Andorra.

Ejercicio B. *Cambie estas oraciones que expresan probabilidad, siguiendo las equivalencias más frecuentes entre los tiempos. Cubra las respuestas:*

MODELOS: Después de caminar tanto, su amigo probablemente se acostó muy cansado, ¿no es así?
Sí, se habrá acostado muy cansado.

Ya que su amigo se acostó tarde, es probable que se despierte tarde, ¿verdad?
Sí, se despertará tarde.

En sus tiempos de estudiante, probablemente el profesor casi nunca tenía dinero, ¿verdad?
Sí, casi nunca tendría dinero.

Probablemente había estudiado mucho para el examen, ¿verdad?
Sí, habría estudiado mucho para el examen.

1. Después de acostarse tan tarde, su amigo probablemente se acostó con mucho sueño, ¿no es cierto?
Sí, se habrá acostado con mucho sueño.
2. Después de trabajar todo el día, el campesino probablemente se sintió cansado, ¿verdad?
Sí, se habrá sentido cansado.
3. Ya que su amigo se acostó tan tarde, probablemente había trabajado mucho ese día, ¿no?
Sí, habría trabajado mucho ese día.
4. Después de acostarse tan tarde, es probable que su amigo se sienta cansado, ¿no?
Sí, se sentirá cansado.
5. En aquel entonces probablemente no tenía uso de razón, ¿verdad?
Sí, no tendría uso de razón.
6. Después de tantas repeticiones, es probable que la clase se sienta aburrida, ¿no es así?
Sí, se sentirá aburrida.
7. Como era un magnífico mecánico, probablemente había arreglado el automóvil, ¿verdad?
Sí, habría arreglado el automóvil.
8. Después de tantas repeticiones, probablemente la clase se aburrió, ¿no es así?
Sí, se habrá aburrido.
9. Después de vivir en una ciudad tan grande, probablemente a ese hombre de negocios no le gusta este pueblo tan pequeño, ¿verdad?
Sí, no le gustará este pueblo tan pequeño.
10. Entre los primeros hombres que vinieron al mundo, probablemente ocurrían cosas terribles, ¿no es cierto?
Sí, ocurrirían cosas terribles.
11. Entre aquel grupo de profesores, probablemente algunos tenían mucha experiencia, ¿verdad?
Sí, tendrían mucha experiencia.
12. En lugar de comer, probablemente el viajero había preferido dormir, ¿no es así?
Sí, habría preferido dormir.
13. Después de trabajar todo el día, probablemente el campesino se sentía cansado, ¿no le parece?
Sí, se sentiría cansado.
14. Después de beber tanto, probablemente no fue al trabajo, ¿verdad?
Sí, no habrá ido al trabajo.

15. A causa de la fiebre tan alta, probablemente el enfermo tenía sudores, ¿no es cierto?
    Sí, tendría sudores.

Ejercicio C. *Siga los modelos. Cubra las respuestas:*

MODELOS: ¿Usted se pregunta por qué la vida es tan dura?
Sí, ¿por qué lo será?

¿Usted se pregunta por qué la vida era tan dura antiguamente?
Sí, ¿por qué lo sería?

¿Usted se pregunta por qué el alumno no supo las respuestas?
Sí, ¿por qué no las habrá sabido?

1. ¿Usted se pregunta por qué ese famoso escritor no aceptó el premio?
   Sí, ¿por qué no lo habrá aceptado?
2. ¿Usted se pregunta quién tenía la culpa de esos errores?
   Sí, ¿quién la tendría?
3. ¿Usted se pregunta por qué fusilaron a esos inocentes?
   Sí, ¿por qué los habrán fusilado?
4. ¿Usted se pregunta quiénes tienen hambre en este mundo?
   Sí, ¿quiénes la tendrán?
5. ¿Usted se pregunta quién tenía razón?
   Sí, ¿quién la tendría?
6. ¿Usted se pregunta a quién le dio el asiento?
   Sí, ¿a quién se lo habrá dado?
7. ¿Usted se pregunta por qué pasaron tantas fatigas subiendo esa montaña?
   Sí, ¿por qué las habrán pasado?
8. ¿Usted se pregunta por qué da las gracias por un favor sin importancia?
   Sí, ¿por qué las dará?
9. ¿Usted se pregunta dónde guardaba el dinero?
   Sí, ¿dónde lo guardaría?
10. ¿Usted se pregunta quién despertó al niño que iba en los brazos del hombrecito?
    Sí, ¿quién lo habrá despertado?
11. ¿Usted se pregunta quién preparó el examen?
    Sí, ¿quién lo habrá preparado?

EJERCICIOS DE REPASO: EL SUBJUNTIVO

Ejercicio A. *Cambie las oraciones usando las palabras que aparecen en los paréntesis. Cubra las respuestas:*

1. Es cierto que en Piedras Negras hay escuelas aceptables. (No importa)
   No importa que en Piedras Negras haya escuelas aceptables. (Era cierto)
   Era cierto que en Piedras Negras había escuelas aceptables. (Me doy cuenta de)
   Me doy cuenta de que en Piedras Negras hay escuelas aceptables. (Parece mentira)
   Parece mentira que en Piedras Negras haya escuelas aceptables. (No era verdad)

No era verdad que en Piedras Negras hubiera escuelas aceptables. (Parece)
Parece que en Piedras Negras hay escuelas aceptables. (Es curioso)
Es curioso que en Piedras Negras haya escuelas aceptables. (Confesó)
Confesó que en Piedras Negras había escuelas aceptables. (Permitieron)
Permitieron que en Piedras Negras hubiera escuelas aceptables. (Se verá)
Se verá que en Piedras Negras hay escuelas aceptables. (Se ordenará)
Se ordenará que en Piedras Negras haya escuelas aceptables. (La posibilidad existe)
La posibilidad existe que en Piedras Negras haya escuelas aceptables. (La realidad era)
La realidad era que en Piedras Negras había escuelas aceptables. (Nadie creía)
Nadie creía que en Piedras Negras hubiera escuelas aceptables. (Todo el mundo sabe)
Todo el mundo sabe que en Piedras Negras hay escuelas aceptables.
2. Dijo que los yankees eran recién venidos a la cultura. (Es posible)
Es posible que los yankees sean recién venidos a la cultura. (Está convencido de)
Está convencido de que los yankees son recién venidos a la cultura. (Se avergonzaba de)
Se avergonzaba de que los yankees fueran recién venidos a la cultura. (Insistía en)
Insistía en que los yankees eran recién venidos a la cultura. (Dudo)
Dudo que los yankees sean recién venidos a la cultura. (Parecía mentira)
Parecía mentira que los yankees fueran recién venidos a la cultura. (No creo)
No creo que los yankees sean recién venidos a la cultura. (La verdad es)
La verdad es que los yankees son recién venidos a la cultura. (No me sorprende)
No me sorprende que los yankees sean recién venidos a la cultura. (Nadie creía)
Nadie creía que los yankees fueran recién venidos a la cultura. (Parece imposible)
Parece imposible que los yankees sean recién venidos a la cultura. (No era verdad)
No era verdad que los yankees fueran recién venidos a la cultura. (Me aseguró)
Me aseguró que los yankees eran recién venidos a la cultura.

Ejercicio B. *Una persona dice algo. Otra persona no lo oye bien y pregunta — ¿Cómo? — Usted se lo repite en estilo indirecto. Cubra las respuestas:*

MODELOS: — Dilo bien.
— ¿Cómo?
— Le dice que lo diga bien.

— Va a llover.
— ¿Cómo?
— Le dice que va a llover.

— ¡Pronuncia claro!
— ¿Cómo?
— Le dice que pronuncie claro.

1. — ¡Domina esa enfermedad!
— ¿Cómo?
— Le dice que domine esa enfermedad.

2. — Olvídala.
   — ¿Cómo?
   — Le dice que la olvide.
3. — Tómate esto.
   — ¿Cómo?
   — Le dice que se tome esto.
4. — Guárdala.
   — ¿Cómo?
   — Le dice que la guarde.
5. — Tiene veintidós años.
   — ¿Cómo?
   — Le dice que tiene veintidós años.
6. — Cómprate una.
   — ¿Cómo?
   — Le dice que se compre una.
7. — Busca tú otra.
   — ¿Cómo?
   — Le dice que busque otra.
8. — No vayas.
   — ¿Cómo?
   — Le dice que no vaya.
9. — ¡Paga la cuenta!
   — ¿Cómo?
   — Le dice que pague la cuenta.
10. — Ríndete.
    — ¿Cómo?
    — Le dice que se rinda.
11. — Te fastidias demasiado.
    — ¿Cómo?
    — Le dice que se fastidia demasiado.
12. — Ahora a sentarse.
    — ¿Cómo?
    — Le dice que se siente.
13. — Cuídate de tomar una decisión.
    — ¿Cómo?
    — Le dice que se cuide de tomar una decisión.

11

11·27 *Cambie las oraciones según los modelos. Cubra las respuestas:*

MODELOS: Cuando veía una señora de pie en el tranvía, siempre le daba el asiento.
Al ver una señora de pie en el tranvía, siempre le daba el asiento.

Ayer yo tuve que trabajar de seis a doce de la noche.
Ayer a mí me tocó trabajar de seis a doce de la noche.

Gané un premio de cien pesos en un programa de televisión.
Me tocó un premio de cien pesos en un programa de televisión.

Pocos días después de la boda, era el hombre más desgraciado del mundo.
A los pocos días de la boda, era el hombre más desgraciado del mundo.

1. El año que tuve una buena maestra, aprendí más rápidamente.
   El año que me tocó una buena maestra, aprendí más rápidamente.
2. Si compramos en esa tienda, ganaremos un premio.
   Si compramos en esa tienda, nos tocará un premio.
3. Pocos días después de la muerte del embajador, nombraron otro.
   A los pocos días de la muerte del embajador, nombraron otro.
4. Cuando le di el asiento, la señora me dio las gracias.
   Al darle el asiento, la señora me dio las gracias.
5. Dos segundos después de sentir al ratero, llamé un policía.
   A los dos segundos de sentir al ratero, llamé un policía.
6. Ayer yo tuve que cuidar al hijo de la vecina.
   Ayer me tocó a mí cuidar al hijo de la vecina.
7. Cuando pedí la palabra, todos me prestaron atención.
   Al pedir la palabra, todos me prestaron atención.
8. Todos tenemos que defender el honor de este país.
   A todos nos toca defender el honor de este país.
9. Poco rato después de apoyar la punta del pie en el estribo, subieron nuevos pasajeros.
   Al poco rato de apoyar la punta del pie en el estribo, subieron nuevos pasajeros.
10. Los países libres ganarán la guerra.
    A los países libres les tocará ganar la guerra.
11. Cuando digo que la vida es dura, incluyo a griegos y troyanos.
    Al decir que la vida es dura, incluyo a griegos y troyanos.
12. Yo jamás he ganado un premio.
    A mí jamás me ha tocado un premio.

13. Diez años después, aún seguían esas naciones en guerra.
    A los diez años, aún seguían esas naciones en guerra.
14. Cuando empiezo a aburrirme de una conversación vulgar, me levanto y me voy.
    Al empezar a aburrirme de una conversación vulgar, me levanto y me voy.
15. Él ganó el tercer premio.
    A él le tocó el tercer premio.
16. Poco rato después de mirar fijamente a la muchacha, me sonrió con dulzura.
    Al poco rato de mirar fijamente a la muchacha, me sonrió con dulzura.
17. Pero mi amiga Elsa tuvo un buen examen.
    Pero a mi amiga Elsa le tocó un buen examen.

12

12·7 Ejercicio A. *Use* esto *o* éste (ésta, éstos, éstas), *en lugar de las palabras en bastardillas. Cubra las respuestas:*

MODELOS: No le importaba *discutir asuntos religiosos.*
No le importaba esto.

En cuanto *al protestante*, mi madre lo consideraba un hereje.
En cuanto a éste, mi madre lo consideraba un hereje.

En cuanto *al ejercicio* que acabas de terminar, creo que debes volver a repetirlo.
En cuanto a éste que acabas de terminar, creo que debes volver a repetirlo.

Con respecto a *la carta publicada en el periódico*, las opiniones de los lectores estaban muy divididas.
Con respecto a ésta, las opiniones de los lectores estaban muy divididas.

1. A causa de *ser una escuela sinceramente democrática*, los alumnos podían discutir los problemas libremente.
A causa de esto, los alumnos podían discutir los problemas libremente.
2. Por *sus temores contra el peligro protestante*, quemó libros que llamaba herejes.
Por esto, quemó libros que llamaba herejes.
3. Cuando vieron llegar *al filósofo*, empezaron a indagar la verdad.
Cuando vieron llegar a éste, empezaron a indagar la verdad.
4. A causa de *la joven bailarina*, aquel hogar modelo quedó arruinado.
A causa de ésta, aquel hogar modelo quedó arruinado.
5. A pesar de *mi hermano*, que sólo se interesaba en los bienes materiales, yo me guiaba por los valores espirituales.
A pesar de éste, que sólo se interesaba en los bienes materiales, yo me guiaba por los valores espirituales.
6. Insistía *el santo* en echar el agua del mar en un agujero.
Insistía éste en echar el agua del mar en un agujero.
7. Discípulos y maestros se esforzaban en *encontrar una solución a los problemas religiosos.*
Discípulos y maestros se esforzaban en esto.
8. Todos querían que *él* lanzara su candidatura a la presidencia de la república.
Todos querían que éste lanzara su candidatura a la presidencia de la república.

9. Trataban de encontrar una respuesta a *las preguntas que parecían no tenerlas.*
   Trataban de encontrar una respuesta a éstas.
10. No le importaba *tener una religión diferente a la de su esposa.*
    No le importaba esto.
11. Prefiero *los libros que me diste*, entre todos los que he leído de Vasconcelos.
    Prefiero éstos, entre todos los que he leído de Vasconcelos.
12. En *que todos nos reuniéramos a rezar el Rosario*, mi abuela seguía una tradición familiar.
    En esto, mi abuela seguía una tradición familiar.
13. Quiero que hable e*lla* en mi lugar.
    Quiero que hable ésta en mi lugar.
14. Con estos ejercicios tan largos, *el alumno* tiene para rato.
    Con estos ejercicios tan largos, éste tiene para rato.
15. Insistía *su mujer* en que dejara de beber.
    Insistía ésta en que dejara de beber.
16. En *confesiones y comuniones* nadie le ganaba a mi madre.
    En esto nadie le ganaba a mi madre.
17. *Las obras que acabo de sacar de la biblioteca* tienen especial interés autobiográfico.
    Éstas tienen especial interés autobiográfico.
18. Por ser como *él*, daría mi vida.
    Por ser como éste, daría mi vida.
19. Su disgusto se debió a *que no recé el Rosario aquella tarde.*
    Su disgusto se debió a esto.
20. *El que no pronunciara claro el Padre Nuestro*, molestaba a la señora de Vasconcelos.
    Esto molestaba a la señora de Vasconcelos.
21. *Un corazón limpio y puro* es lo que más deseo.
    Esto es lo que más deseo.
22. No son *las preguntas que aquí aparecen*, sino aquéllas, las que deben ser contestadas.
    No son éstas, sino aquéllas, las que deben ser contestadas.
23. Por *tratarse de un héroe de la Patria* debemos respetarlo.
    Por esto debemos respetarlo.
24. La madre dice que con tantas lecturas *el niño* no se va a hacer fuerte.
    La madre dice que con tantas lecturas éste no se va a hacer fuerte.
25. Mi madre insistía que *el amor a Dios* debía guiar nuestras vidas.
    Mi madre insistía que esto debía guiar nuestras vidas.
26. ¿Y no estás cansado de *su falta de educación y cortesía*?
    ¿Y no estás cansado de esto?
27. En *haber demostrado cierta dureza hacia los niños*, la madre se sentía un poco culpable.
    En esto la madre se sentía un poco culpable.
28. *La explicación que me dieron sobre la palabra* **filósofo**, no me dejó complacido.
    Esto no me dejó complacido.
29. ¿Y no estás cansado de *ella?*
    ¿Y no estás cansado de ésta?

30. Con *la pérdida de Cuba y Puerto Rico* culminó un largo proceso histórico.
    Con esto culminó un largo proceso histórico.
31. Bueno, *lo que piensas sobre la ley* se lo puedes decir a las autoridades.
    Bueno, esto se lo puedes decir a las autoridades.
32. *El ladrón* les puede decir a las autoridades lo que piensa sobre la ley.
    Éste les puede decir a las autoridades lo que piensa sobre la ley.
33. *Su interpretación de la historia mexicana* puede comprenderse cuando leemos su obra fundamental.
    Esto puede comprenderse cuando leemos su obra fundamental.
34. Hubo un detalle que no entendí relacionado con *lo* del agua del mar que se echaba en un agujero.
    Hubo un detalle que no entendí relacionado con esto del agua del mar que se echaba en un agujero.
35. En cuanto *al papel* que acabas de firmar, notarás que estaba dirigido al presidente de la república.
    En cuanto a éste que acabas de firmar, notarás que estaba dirigido al presidente de la república.
36. *La portera* le puede decir donde vive el señor Ramírez.
    Ésta le puede decir donde vive el señor Ramírez.

Ejercicio B. *Complete las oraciones con* **esto** *o* **éste**. *Cubra las respuestas:*

1. Esos famosos arquitectos acaban de construir unas residencias costosísimas muy modernas. Delante de _____ se encuentra una de las avenidas más hermosas de la capital.   1. éstas

2. El nuevo presidente lo quiso reformar todo. En _____ no lo ayudaron los senadores.   2. esto

3. En la escuela el mexicano y el gringo se pegaron. Como _____ era más fuerte, ganó la pelea.   3. éste

4. La maestra terminó la pelea separando a Jim y a José. _____, sin embargo, no sentía rencor por el gringo.   4. Éste

5. Los yanquis no tenían un caudillo napoleónico. _____ demostraba que se puede vivir sin ellos.   5. Esto

6. Los yanquis acompañaban su progreso material acelerando con una esmerada atención a la escuela. Por todo _____ los frutos que se esperaban eran mejores.   6. esto

7. Los mexicanos tenían un caudillo napoleónico. Los yanquis no. _____ preferían un sistema más duradero.   7. Éstos

8. La maestra terminó la pelea separando a Jim y a José.

_____, sin embargo, no fue una solución definitiva.   8. Esto

9. En la escuela un mexicano y dos gringos se pegaron. A pesar de que los gringos eran grandes y fuertes, _____ no ganaron la pelea.   9. éstos

10. Mi madre sufría cuando mi padre no rezaba el Rosario con devoción, ya que _____ era, en opinión de mi madre, de suprema importancia.   10. esto

11. En la escuela un mexicano y dos gringos se pegaron. Pero _____ no daba una buena explicación a los conflictos históricos.   11. esto

12. ¿Qué nos importa tener un caudillo napoleónico, si _____ sólo está interesado en sus propias ambiciones?   12. éste

13. El presidente tenía ideas liberales. La secretaria tenía ideas conservadoras. Eran _____ y no aquéllas las que siempre se imponían.   13. éstas

14. No, no tomes la pluma azul. Toma _____ .   14. ésta

15. En su balsa cruzaba el indio. Como el río no era ancho, _____ era fácil de hacerse.   15. esto

16. El nuevo presidente lo quiso reformar todo. Decía que _____ ayudaría el progreso del país.   16. esto

17. Toma el lápiz rojo. Es decir, _____ .   17. éste

Ejercicio C. *Complete las oraciones con* **eso** *o* **ése** (**ésa**, *etc.*) *Cubra las respuestas:*

1. El maestro siempre resolvía los asuntos democráticamente. _____ era lo que me gustaba de la escuela.   1. eso

2. Los comerciantes y hombres de negocios no se preocupaban de los herejes. _____ tenían otro tipo de preocupaciones.   2. ésos

3. El prejuicio patriótico cegaba (*blinded*) a mi padre. _____ no le permitía reconocer ningún mérito en los yanquis.   3. eso

4. El niño rezaba el Rosario, pero sin mucha devoción.

   _____ no le gustaba a la madre.   4. eso

5. Cuando sacó la navaja todos esperaron a ver qué pasaba. Fue

   un gesto tremendo. _____ causó la admiración de   5. eso
   los otros muchachos.

6. Al ver que yo iba a una escuela donde el maestro era pro-

   testante, _____ extremaba su afán de arraigar en   6. eso
   mí la fe católica.

7. Era la directora, y no el maestro, quien se pasaba horas y horas

   sin hacer nada. _____ era la que se daba buena   7. ésa
   vida.

8. Como mi padre y yo rezábamos el Rosario sin mucha devoción,

   mi madre pensaba: «_____ están condenados a las   8. ésos
   llamas del infierno.»

9. Cuando el barrigoncito sacó la navaja, el gringo tembló. ¿Quién

   era _____ que se atrevía a amenazarlo?   9. ése

10. — ¿Cuándo terminarán los prejuicios raciales?

    — _____ es lo que me pregunto.   10. eso

11. A mi abuelo le gustaba leer trozos polémicos de diferentes

    escritores. En _____ pasaba horas y horas.   11. eso

12. — ¿Me aconsejas que compre aquel disco de Carlos Gardel?

    — No, no lo compres. Compra _____ que tienes en   12. ése
    la mano.

13. — ¿Cuál vestido dices tú que es muy bonito?

    — _____ rojo.   13. ése

14. Un niño cualquiera podía poner en confusión a los sabios.

    _____ era lo que pensaba mi madre al leer la   14. eso
    Historia de Jesucristo.

15. Mi hermano mayor, sin embargo, dejó de estudiar y empezó a

    trabajar. A _____ no le interesaban los estudios. 15. ése

16. Cuando la borracha empezó a gritar y a decir palabrotas, la

aristócrata estuvo a punto de desmayarse. ¿Quién era

_____ que se atrevía a tanto? 16. ésa

17. Un niño ponía en confusión a los sabios. Pero, ¿quién era

_____ que tal cosa podía hacer? 17. ése

18. —¿Te parece bien que compre aquellas revistas que tienen novelas románticas?

—No, son muy malas. Compra _____ que te 18. ésas
recomendó el profesor.

12·8 Ejercicio A. *En el siguiente ejercicio conteste las preguntas según los modelos. Nótese cómo se alterna el uso de* **hallarse, encontrarse** *y* **estar** *en las respuestas. La primera oración es siempre afirmativa; la segunda, negativa:*

MODELOS: ¿Quién se encuentra preocupada por el examen? ¿Matilde o Margarita?
Matilde se halla preocupada por el examen.
Margarita no está preocupada por el examen.

¿Por qué Gervasio se halla en la cárcel? ¿Porque se había metido en unos asuntos de contrabando, o porque Jorge lo acusó de ladrón?
Gervasio se encuentra en la cárcel porque se había metido en unos asuntos de contrabando.
No está en la cárcel porque Jorge lo acusó de ladrón.

1. ¿Dónde se encuentra la finca de Jorge? ¿En Extremadura o en Galicia?
La finca de Jorge se halla en Extremadura.
No está en Galicia.
2. ¿Quién se halla en la sala de juego? ¿La suegra de Jorge o su hija?
La suegra de Jorge se encuentra en la sala de juego.
Su hija no está en la sala de juego.
3. ¿Dónde se encuentra el médico? ¿En su casa o en el hospital?
El médico se halla en su casa.
No está en el hospital.
4. ¿Quién se encuentra triste? ¿Cecilia o Matilde?
Cecilia se halla triste.
Matilde no está triste.
5. ¿Quién se halla en Londres? ¿El novio de Amalia o Gervasio?
El novio de Amalia se encuentra en Londres.
Gervasio no está en Londres.
6. ¿Quiénes se hallan vencidos? ¿Los que luchan contra la muralla o los que la representan?

Los que luchan contra la muralla se encuentran vencidos.
Los que la representan no están vencidos.

7. ¿Dónde se encuentra el testamento? ¿En la notaría o en El Tomillar?
El testamento se halla en la notaría.
No está en El Tomillar.

8. ¿Cómo se halla la familia Hontanar? ¿Preocupada por la posible pérdida de su fortuna o por la salud del señor Montes?
La familia Hontanar se encuentra preocupada por la posible pérdida de su fortuna.
No está preocupada por la salud del señor Montes.

9. ¿Quién se encuentra algo arrepentida de sus propias decisiones? ¿Cecilia o Matilde?
Cecilia se halla algo arrepentida de sus propias decisiones.
Matilde no está arrepentida de sus propias decisiones.

10. ¿Quién se encuentra entre los enemigos de las ideas de Jorge? ¿Su suegra o el cura?
Su suegra se halla entre los enemigos de las ideas de Jorge.
El cura no está entre los enemigos de las ideas de Jorge.

11. ¿Quién se encuentra con fuerzas para luchar? ¿Matilde o Cecilia?
Matilde se halla con fuerzas para luchar.
Cecilia no está con fuerzas para luchar.

12. ¿Cómo se encuentra Jorge? ¿Deprimido o alegre?
Jorge se halla deprimido.
No está alegre.

13. ¿Cómo se encuentra Matilde? ¿Dispuesta a oponerse a las ideas de su yerno o ansiosa de que El Tomillar pase a manos de Gervasio?
Matilde se halla dispuesta a oponerse a las ideas de su yerno.
No está ansiosa de que El Tomillar pase a manos de Gervasio.

14. ¿Dónde se encuentra Cecilia al empezar la obra? ¿En la parroquia o en escena?
Cecilia se halla en la parroquia.
No está en escena.

15. ¿Quién se halla con ganas de fumar? ¿Jorge o Amalia?
Jorge se encuentra con ganas de fumar.
Amalia no está con ganas de fumar.

Ejercicio B. *Reemplace* **estar** *o* **estar todavía** *con* **andar, quedar** *o* **seguir.** *Cubra las respuestas:*

MODELOS: Chile *está* al oeste de la América del Sur.
Chile queda al oeste de la América del Sur.

La suegra *está todavía* muy disgustada.
La suegra sigue muy disgustada.

¿Por dónde *están* los muchachos?
¿Por dónde andan los muchachos?

1. El cura preguntó dónde *estaba* la finca de los Hontanar.
El cura preguntó dónde quedaba la finca de los Hontanar.

2. Pasaron los meses y los soldados *estaban todavía* en la ciudad.
Pasaron los meses y los soldados seguían en la ciudad.

3. La casa de los Hontanar *está* en Madrid.
   La casa de los Hontanar queda en Madrid.
4. No puedo encontrar mi pasaporte. No sé dónde *está*.
   No puedo encontrar mi pasaporte. No sé dónde anda.
5. ¿Dónde habré dejado la novela que estaba leyendo? ¿Sabes dónde *está*?
   ¿Dónde habré dejado la novela que estaba leyendo? ¿Sabes dónde anda?
6. Aun después de la discusión con Matilde, Jorge *estaba todavía* con ánimos para luchar.
   Aun después de la discusión con Matilde, Jorge seguía con ánimos para luchar.
7. ¿Tan lejos *está* la finca de los Hontanar?
   ¿Tan lejos queda la finca de los Hontanar?
8. ¿*Todavía están* buscando a Gervasio?
   ¿Siguen buscando a Gervasio?
9. ¿Y dónde *están* mis gafas?
   ¿Y dónde andan mis gafas?
10. ¿Es verdad que México está al sur del Río Grande?
    ¿Es verdad que México queda al sur del Río Grande?
11. ¿Y los niños? ¿Por dónde *están*?
    ¿Y los niños? ¿Por dónde andan?
12. Como en todos los pequeños pueblos españoles, la iglesia *está* frente a la plaza.
    Como en todos los pequeños pueblos españoles, la iglesia queda frente a la plaza.
13. El niño miró al mapa y notó que México *estaba todavía* en el mismo lugar.
    El niño miró al mapa y notó que México seguía en el mismo lugar.
14. El cura *estaba todavía* hablando con Jorge.
    El cura seguía hablando con Jorge.
15. Eugenio, la pistola *está* por el cuarto de Ana María. Ve a buscarla.
    Eugenio, la pistola anda por el cuarto de Ana María. Ve a buscarla.
16. La casa donde vive el alcalde *está* a dos cuadras de aquí.
    La casa donde vive el alcalde queda a dos cuadras de aquí.
17. *Está* a cinco kilómetros al norte de la capital.
    Queda a cinco kilómetros al norte de la capital.
18. Mis lentes *están* por alguna parte, aunque no sé dónde.
    Mis lentes andan por alguna parte, aunque no sé dónde.

Ejercicio C. *Léase la narración siguiente. Cambie los verbos en bastardillas usando* **venir** *o* **ir**. *Haga el ejercicio oralmente primero. Finalmente hágalo por escrito en el espacio en blanco que aparece después de la narración. Compruebe sus respuestas con la narración en tiempo pasado que aparece al final:*

Desde el ventanal pude verlo. Mientras se acercaba, el joven soldado *estaba* encendiendo un cigarrillo. *Estaba* sonriendo también. A mis espaldas, escuché los pasos de Margarita. Me volví. La vi acercarse. *Estaba* con su vestido nuevo. Rápidamente me dio un beso y salió de la casa. Corrí tras ella, pero cuando salí a la puerta, ya *estaba* llegando al primer piso.

Regresé al ventanal. Margarita *estaba* corriendo hacia el joven soldado. Al alejarse por la acera, Margarita aún *estaba* arreglándose la blusa. Pude ver como casi al doblar la esquina el soldado le *estaba* ofreciendo un cigarrillo. A ella le daba pena aceptar el cigarrillo; por eso, mientras se perdían en la distancia, Margarita *estaba* mirando a un lado y al otro. La dejé de ver, no sin antes comprender que *estaba* asustada y nerviosa. La calle quedó desierta por unos instantes. Después vi que se acercaba un camión. *Estaba* lleno de soldados y muchachas.

Pasaron varias horas. De pronto apareció de nuevo. *Estaba* con los ojos llenos de lágrimas. Mientras se acercaba, me fijé que *estaba* más pálida que nunca. El soldado, por su parte, se alejaba; y noté que *estaba* silbando alegremente.

Seguí mirando a Margarita desde el ventanal. Cruzó la calle rápidamente. *Estaba* corriendo casi. Cuando abrió la puerta y se acercó a mí, *estaba* llena de temores. Yo le di un beso y la abracé con ternura. Después se separó y salió hacia su cuarto. Al alejarse *estaba* tan desconsolada que se me partía el corazón.

Desde el ventanal pude verlo. Mientras se acercaba, el joven soldado venía encendiendo un cigarrillo. Venía sonriendo también. A mis espaldas, escuché los pasos de Margarita. Me volví. La vi acercarse. Venía con su vestido nuevo. Rápidamente me dio un beso y salió de la casa. Corrí tras ella, pero cuando salí a la puerta, ya iba llegando al primer piso.

Regresé al ventanal. Margarita iba corriendo hacia el joven soldado. Al alejarse por la acera, Margarita aún iba arreglándose la blusa. Pude ver como casi al doblar la esquina el soldado le iba ofreciendo un cigarrillo. A ella le daba pena aceptar el cigarrillo; por eso, mientras se perdían en la distancia, Margarita iba mirando a un lado y al otro. La dejé de ver, no sin antes comprender que iba asustada y nerviosa. La calle quedó desierta por unos instantes. Después vi que se acercaba un camión. Venía lleno de soldados y muchachas.

Pasaron varias horas. De pronto Margarita apareció de nuevo. Venía con los ojos llenos de lágrimas. Mientras se acercaba, me fijé que venía más pálida que nunca. El soldado, por su parte, se alejaba; y noté que iba silbando alegremente.

Seguí mirando a Margarita desde el ventanal. Cruzó la calle rápidamente. Venía corriendo casi. Cuando abrió la puerta y se acercó a mí, venía llena de temores. Yo le di un beso y la abracé con ternura. Después se separó y salió hacia su cuarto. Al alejarse, iba tan desconsolada que se me partía el corazón.

12.9 Conteste empleando la segunda alternativa en las respuestas. Use **ser** o **estar**. *Cubra las respuestas:*

MODELOS: ¿Dónde se encuentra el profesor, en la oficina del director o junto a la pizarra?
El profesor está junto a la pizarra.

¿Dónde darán la comida, en casa del profesor o en el restaurante?
La comida será en el restaurante.

1. ¿Por dónde anda el presidente, por Texas o por Washington?
El presidente está por Washington.
2. ¿Dónde tuvo lugar la discusión, en el parque o en el café?
La discusión fue en el café.
3. ¿Dónde tuvieron lugar los fusilamientos, aquí o en Cuba?
Los fusilamientos fueron en Cuba.
4. ¿Dónde tiene lugar la acción de la obra, en Sevilla o en Madrid?
La acción es en Madrid.
5. ¿Dónde se hallan los soldados, en el campo de batalla o en el desfile?
Los soldados están en el desfile.
6. ¿Dónde queda la universidad, al sur o al norte de la ciudad?
La universidad está al norte de la ciudad.
7. ¿Dónde dieron la fiesta de fin de curso, en el hotel Savoy o en la universidad?
La fiesta de fin de curso fue en la universidad.
8. ¿Dónde se encuentra la Alhambra, en Sevilla o en Granada?
La Alhambra está en Granada.
9. ¿Dónde tuvo lugar el desfile, en Piedras Negras o en Moscú?
El desfile fue en Moscú.
10. ¿Dónde se encuentra el ladrón, en la cárcel o en casa de Garamendi?
El ladrón está en casa de Garamendi.
11. ¿Dónde queda el Escorial, en Andalucía o en Castilla?
El Escorial está en Castilla.
12. ¿Dónde tuvo lugar la competencia, en el parque o en el gimnasio?
La competencia fue en el gimnasio.
13. ¿Dónde se encuentra la escribanía de plata maciza, en casa de los Vasconcelos o en casa de Garamendi?
La escribanía de plata maciza está en casa de Garamendi.
14. ¿Dónde se encontraban los soldados rusos, en Andorra o en Alemania?
Los soldados rusos estaban en Alemania.
15. ¿Dónde dieron la misa, en la plaza o en la iglesia?
La misa fue en la iglesia.

16. ¿Dónde pondrán la película francesa, en la clase de español o en la clase de francés?
    La película francesa será en la clase de francés.
17. ¿Dónde se encuentra Andorra, al norte o al sur de Francia?
    Andorra está al sur de Francia.
18. ¿Por dónde andan los niños, por la escuela o por el parque?
    Los niños están por el parque.
19. ¿Dónde tiene lugar la fiesta, en casa de los Hontanar o en casa de Rosa?
    La fiesta es en casa de Rosa.

EJERCICIOS DE REPASO: EL SUBJUNTIVO EN ORACIONES ADVERBIALES

Ejercicio A. *Lea la oración, llenando el espacio en blanco con la forma correcta del infinitivo que aparece entre paréntesis. Cubra las respuestas:*

MODELOS: El suicida murió antes que _____ el cura. (llegar)
El suicida murió antes que llegara el cura.

La próxima vez que _____ le ofreció un whisky. (venir)
La próxima vez que vino le ofreció un whisky.

Nunca hablaban a menos que _____ algo que decir. (tener)
Nunca hablaban a menos que tuvieran algo que decir.

No me muevo de aquí hasta que tú me _____ lo que me debes. (pagar)
No me muevo de aquí hasta que tú me pagues lo que me debes.

1. Matilde habló alegremente para que no _____ Jorge. (sospechar)

   Matilde habló alegremente para que no sospechara Jorge.

2. Los demócratas podrán quedarse con tal que _____ a los republicanos.

   (respetar)

   Los demócratas podrán quedarse con tal que respeten a los republicanos.

3. Romeo no cumplirá su misión antes que _____ Julieta. (suicidarse)

   Romeo no cumplirá su misión antes que se suicide Julieta.

4. Pepe Botella salió en un Oldsmobile sin que el policía lo _____ . (ver)

   Pepe Botella salió en un Oldsmobile sin que el policía lo viera.

5. Napoleón habría aceptado el libro con tal que no se lo _____ Josefina.

   (llevar)

   Napoleón habría aceptado el libro con tal que no se lo hubiera llevado Josefina.

6. Josefina no habló hasta que se lo _____ Napoleón. (ordenar)

   Josefina no habló hasta que se lo ordenó Napoleón.

7. El examen se verificaría en cuanto _____ los alumnos. (llegar)

   El examen se verificaría en cuanto llegaran los alumnos.

8. Enviaron por el oficial para que _____ el caso. (resolver)

   Enviaron por el oficial para que resolviera el caso.

9. En cuanto _____ mi decisión, no dudo que la aceptarás. (oír)

   En cuanto oigas mi decisión, no dudo que la aceptarás.

10. Siempre que _____ Napoleón a la clase, miraba fijamente a Josefina.

    (entrar)

    Siempre que entraba Napoleón a la clase, miraba fijamente a Josefina.

11. La próxima vez que _____ a ese delincuente, le doy un puñetazo. (ver)

    La próxima vez que vea a ese delincuente, le doy un puñetazo.

12. El suicida inglés puso fin a su vida antes que _____ informarle que la

    reina quería hablar con él por teléfono. (poder)

    El suicida inglés puso fin a su vida antes que pudieran informarle que la reina quería

    hablar con él por teléfono.

13. Te pagaré la cuenta tan pronto como _____ mi cheque. (recibir)

    Te pagaré la cuenta tan pronto como reciba mi cheque.

14. Todas las noches cuando _____ mi tío, pasábamos un rato agradable. (venir)

    Todas las noches cuando venía mi tío, pasábamos un rato agradable.

15. Nadie podía darle un beso a Napoleón, a no ser que _____ Josefina misma. (ser)

    Nadie podía darle un beso a Napoleón, a no ser que fuera Josefina misma.

16. Antes que _____ , mira lo que haces. (casarse)

    Antes que te cases, mira lo que haces.

17. Cuando _____ libre de ansiedades, me podré casar. (estar)

    Cuando esté libre de ansiedades, me podré casar.

18. El ladrón, cuando me _____ cerca, echó a correr. (ver)

    El ladrón, cuando me vio cerca, echó a correr.

19. Tan pronto como _____ las clases, me voy de vacaciones. (terminar)

    Tan pronto como terminen las clases, me voy de vacaciones.

20. Apenas _____ los inspectores, empezaron a interrogar al ladrón. (entrar)

    Apenas entraron los inspectores, empezaron a interrogar al ladrón.

21. Después que _____ la verdad, trataron de salvar al inocente. (saberse)

    Después que se supo la verdad, trataron de salvar al inocente.

22. Aun antes que _____ la verdad, trataron de salvar al inocente. (saberse)

    Aun antes que se supiera la verdad, trataron de salvar al inocente.

Ejercicio B. *Cambie las frases al estilo indirecto. Siga los modelos:*

MODELOS: En cuanto vuelva allí, me voy a quedar dormido.
Se me ocurrió que . . .
Se me ocurrió que en cuanto volviera allí, me iba a quedar dormido.

Mientras él viva, su esposa lo adorará.
Todo el mundo sabía que . . .
Todo el mundo sabía que mientras él viviera, su esposa lo adoraría.

— Aunque sea peligroso el asunto, no hay modo de evitarlo.
Confesó que . . .
Confesó que aunque fuera peligroso el asunto, no había modo de evitarlo.

No puede pagar la cuenta puesto que ha perdido su dinero.
Sabíamos que . . .
Sabíamos que no podía pagar la cuenta puesto que había perdido su dinero.

— Avísales antes que se vayan.
Le dijo que . . .
Le dijo que les avisara antes que se fueran.

1. — Arréglame el cuarto mientras voy a echar unas cartas.
Le dijo que . . .
Le dijo que le arreglara el cuarto mientras iba a echar unas cartas.
2. Aunque Fidel es culpable, no lo van a criticar en los periódicos.
Se sospechaba que . . .
Se sospechaba que aunque Fidel era culpable, no lo iban a criticar en los periódicos.
3. — Procuraré no verles aunque les tropiece por las calles.
Declaró que . . .
Declaró que procuraría no verles aunque les tropezara por las calles.
4. — Acompañe a la niña mientras la tía sale.
Le pidió que . . .
Le pidió que acompañara a la niña mientras la tía salía.
5. — Basta que olfatees hombre nuevo para que vengas a mirarle la cara.
Le replicó que . . .
Le replicó que bastaba que olfateara hombre nuevo para que viniera a mirarle la cara.
6. — Pasará bastante tiempo sin que vuelva a tocar el violín.
Pensaba que . . .
Pensaba que pasaría bastante tiempo sin que volviera a tocar el violín.
7. — ¿Es ésta la primera vez que se hablan?
Preguntó si . . .
Preguntó si ésta era la primera vez que se hablaban.
8. — No es cierto, aunque así lo parezca.
Se defendió diciendo que . . .
Se defendió diciendo que no era cierto, aunque así lo pareciera.

9. Desde que el mundo es mundo, los culpables son los vencidos.
   Creía que . . .
   Creía que desde que el mundo era mundo, los culpables eran los vencidos.
10. Le da el somnífero sin que ella se dé cuenta.
    Se supo . . .
    Se supo que le daba el somnífero sin que ella se diera cuenta.
11. Le ofrece un cigarrillo mientras su suegra se enfurece.
    Todo el mundo podía ver que . . .
    Todo el mundo podía ver que le ofrecía un cigarrillo mientras su suegra se enfurecía.
12. —Amo a Julieta y deseo que sea mi mujer, no obstante que sus padres se opongan.
    Romeo declaró que . . .
    Romeo declaró que amaba a Julieta y deseaba que fuera su mujer, no obstante que sus padres se opusieran.
13. —Aunque no hay un precepto que prohiba el fumar, no fumo.
    Admitió que . . .
    Admitió que aunque no había un precepto que prohibiera el fumar, no fumaba.
14. —Cuando se desvanezca este sueño, llegará un nuevo día.
    Le decía que . . .
    Le decía que cuando se desvaneciera este sueño, llegaría un nuevo día.
15. —Se han cursado órdenes para que se le busque.
    Explicó que . . .
    Explicó que se habían cursado órdenes para que se le buscara.
16. —¿Por qué le das un abrazo a tu mujer cuando te despides de ella?
    Le preguntó . . .
    Le preguntó por qué le daba un abrazo a su mujer cuando se despedía de ella.
17. —¡No los perdonaré mientras tenga sangre en las venas!
    Juró que . . .
    Juró que no los perdonaría mientras tuviera sangre en las venas.
18. —Aunque no creo que haya ningún obstáculo, es mejor estar prevenidos.
    Dijo que . . .
    Dijo que aunque no creía que hubiera ningún obstáculo, era mejor estar prevenidos.

13

13·7 *Cambie las siguientes oraciones a oraciones con* **hacer**. *Cubra las respuestas:*

MODELOS: Ha pasado un mes desde que me casé.
Hace un mes (que) me casé.

Hoy es miércoles. Lo conocí precisamente el miércoles pasado.
Hace una semana (que) lo conocí.

Mi hermana se había divorciado dos años antes de ese día memorable.
Hacía dos años que mi hermana se había divorciado.

Estamos en 1967. En 1964 prefería divertirme a estudiar.
Hace tres años, prefería divertirme a estudiar.

La familia Gómez se mudó a ese apartamento dos semanas antes de esa fecha.
Hacía dos semanas que la familia Gómez se había mudado a ese apartamento.

1. Ha pasado una semana desde que tuvimos el último cheque.
   Hace una semana (que) tuvimos el último cheque.
2. Mis padres se habían casado precisamente veinte años antes del pasado quince de septiembre.
   Hacía (precisamente) veinte años que mis padres se habían casado.
3. Estamos a diez y no tengo un centavo. Pero el día primero tenía trescientos dólares en el bolsillo.
   Hace diez días, tenía trescientos dólares en el bolsillo.
4. Hoy es viernes. La conferencia tuvo lugar el sábado pasado.
   Hace seis días (que) tuvo lugar la conferencia.
5. Pepito salió de la escuela dos horas antes de que sonara el timbre.
   Hacía dos horas que Pepito había salido de la escuela.
6. El mes pasado no conocía a la que hoy es mi esposa.
   Hace un mes, no conocía a la que hoy es mi esposa.
7. Mi abuela había muerto exactamente dos años antes de ese día.
   Hacía exactamente dos años que mi abuela había muerto.
8. Han pasado tres años desde que estudio en la universidad.
   Hace tres años que estudio en la universidad.
9. El comandante había matado miles de prisioneros una semana antes.
   Hacía una semana (que) el comandante había matado miles de prisioneros.
10. Han pasado muchos siglos desde que el hombre inventó la rueda.
    Hace muchos siglos (que) el hombre inventó la rueda.

11. Me había graduado exactamente dos semanas antes del día que salí de Caracas.
    Hacía (exactamente) dos semanas que me había graduado.
12. Mi abuelo murió dos días antes de la fecha en que Cuba se declaró independiente.
    Hacía dos días que mi abuelo había muerto.
13. Tengo cuarenta años; a la edad de veinte años empecé a interesarme por los asuntos latinoamericanos.
    Hace veinte años (que) empecé a interesarme por los asuntos latinoamericanos.
14. Estamos en el siglo XX. El Nuevo Mundo se descubrió en el siglo XV.
    Hace cinco siglos (que) se descubrió el Nuevo Mundo.
15. Los mexicanos habían tenido universidad mucho tiempo antes.
    Hacía mucho tiempo que los mexicanos habían tenido universidad.
16. El año pasado no sabía una palabra de español.
    Hace un año, no sabía una palabra de español.
17. En el siglo XIV los europeos no fumaban.
    Hace seis siglos, los europeos no fumaban.
18. Han pasado ocho semanas desde que llegaron a Venezuela.
    Hace ocho semanas (que) llegaron a Venezuela.
19. Lo condenaron a muerte unos días antes.
    Hacía unos días que lo habían condenado a muerte.
20. Hoy es el treinta de diciembre. El veinticuatro llegué a mi casa para pasar las vacaciones.
    Hace seis días (que) llegué a mi casa para pasar las vacaciones.
21. Son las once de la noche. A las siete llamé a mi novia por teléfono.
    Hace cuatro horas (que) llamé a mi novia por teléfono.
22. Han pasado tres días desde que lo vi a la salida del teatro.
    Hace tres días (que) lo vi a la salida del teatro.
23. Estamos en 1974; salí de mi país en 1958.
    Hace dieciséis años (que) salí de mi país.
24. Han pasado varios años desde que se estrenó *La muralla* en España.
    Hace varios años (que) se estrenó *La muralla* en España.
25. Lo habían sacado de la cárcel dos semanas antes.
    Hacía dos semanas que lo habían sacado de la cárcel.
26. El año pasado aún estaba casada con Roberto.
    Hace un año, aún estaba casada con Roberto.
27. Han pasado alrededor de cinco siglos desde que los españoles empezaron la conquista y colonización de Iberoamérica.
    Hace alrededor de cinco siglos (que) los españoles empezaron la conquista y colonización de Iberoamérica.

13.9 Ejercicio A. *Complete las oraciones con un relativo apropiado. En algunos casos es posible que sirva más de una de las formas. Piensen en las distintas formas que puedan sustituirse la una a la otra en cada caso. Cubra las respuestas:*

1. Se partieron los remos con _____ pensaba remar hasta la orilla del lago.

   1. los cuales
      los que
      que

2. ¿Te impresionó aquel gran trágico inglés _____ viste en *Macbeth*?

   2. que
      a quien

3. Murió esa gran amiga de _____ tengo tan gratos recuerdos.

   3. quien
      la cual
      la que

4. La señora lo saludó fríamente, _____ molestó mucho al oficial de la notaría.

   4. lo que
      lo cual

5. Habrán podido notar _____ posibilidades hay.

   5. cuantas

6. Ahora las tropas avanzaban por _____ habían atacado los rojos.

   6. donde

7. Esperaban hallar una utopía, _____ parecía un imposible.

   7. lo cual
      lo que

8. Estas leyes establecieron como base la consideración de que todo hombre era un cristiano, _____ era justo.

   8. lo cual
      lo que

9. Es feliz ese joven _____ padres le envían dinero para divertirse.

   9. cuyos

10. Ése es el jefe _____ órdenes deben cumplirse al instante.

    10. cuyas

11. Escribieron una carta en _____ daban a conocer sus ideas sobre la guerra.

    11. la que
        que
        la cual

12. Cerca de la universidad hay una casa de estilo japonés en _____ vive el profesor de lenguas asiáticas.

    12. la que
        la cual
        donde
        que

13. Era la suegra _____ representaba las fuerzas que se oponían a Jorge.

13. la que
    quien

14. Pasaron la semana santa en Sevilla, que es _____ la pasé yo también.

14. donde
    en donde

15. Los conquistadores no pensaban siempre en los ideales de las Leyes de Indias, _____ demostraba el abismo entre la ley escrita y la práctica.

15. lo cual
    lo que

16. Ésa es la señora _____ hijo desapareció en combate.

16. cuyo

17. Escucharon al profesor _____ sabiduría era de todos conocida.

17. cuya

18. Esta mañana me presentaron a la actriz _____ tiene un papel muy importante en *La muralla*.

18. que

19. Mi abuelo, _____ siempre se preocupa por mí, me envió un dinero que me vino muy bien.

19. que
    el cual
    quien

20. Mañana hablaremos con los senadores a _____ vamos a pedirles la aprobación de la ley.

20. quienes
    los que
    los cuales

21. Ésa es la actriz de _____ se habla tanto en los periódicos.

21. quien
    la que
    la cual

22. No podía jugar con nadie, porque se peleaba con _____ niño se encontraba.

22. cuanto

23. Mucho agradezco a _____ se han interesado por mi salud.

23. cuantos
    los que

24. La policía rodeó la casa, dentro de _____ estaban los criminales.

    24. la que
        la cual

25. _____ no contesta a las preguntas demuestra que no las sabe.

    25. quien
        el que

26. En México fue _____ conocí a María Félix.

    26. donde
        en donde

27. Hubo muchas infracciones de las Leyes de Indias, _____ trajo penosas consecuencias para los indios.

    27. lo que
        lo cual

28. Ambicionamos la igualdad y la justicia, _____ a veces parece un ideal imposible.

    28. lo que
        lo cual

29. Los países latinoamericanos se diferencian en la geografía y en la historia, _____ obliga a un estudio cuidadoso.

    29. lo que
        lo cual

30. En la catedral fue _____ bautizaron a Porfirio.

    30. donde
        en donde

31. Acaban de salir los embajadores con _____ no se ha podido llegar a ningún acuerdo.

    31. los que
        quienes
        los cuales

32. El profesor les dio las gracias a los alumnos de _____ había recibido tan valioso regalo.

    32. quienes
        los que
        los cuales

33. Lola enseñó el collar de perlas _____ le había regalado su novio millonario.

    33. que

34. Se preparó una comida, _____ fue toda de vegetales.

    34. que

35. *La muralla* es una obra en _____ páginas se presentan las actitudes del vencedor y del vencido.

    35. cuyas

36. Es un escritor absurdo _____ obras no las entiende nadie.   36. cuyas

37. Vivían en una comunidad indígena en _____ las condiciones higiénicas eran pésimas.   37. la que
                                                                                                que
                                                                                                la cual
                                                                                                donde

38. De _____ personas asistieron al desfile, ninguna fue por su propia voluntad.   38. cuantas

39. Por su salud hubiera dado _____ dinero tenía.   39. cuanto

40. Agarraron al ladrón _____ habilidad para robar ya era famosa.   40. cuya

41. _____ alumnos estaban de acuerdo conmigo levantaron la mano.   41. cuantos

42. Salió de la casa, enfrente de _____ estaba el parque.   42. la cual
                                                                    la que

43. _____ mandó a fusilar a los civiles fue el Primer Ministro.   43. el que
                                                                          quien

44. _____ hizo uso de la palabra fue el comandante.   44. el que
                                                              quien

45. _____ yo pienso ir este verano es a Alaska, pues hay mucho calor en Texas.   45. adonde
                                                                                         (a donde)

46. Sólo en algunas regiones de Indoamérica existían grandes civilizaciones, _____ demuestra diferencias históricas.   46. lo que
                                                                                                                              lo cual

47. Su composición está llena de faltas, _____ indica que aún debe insistir en mejorar sus conocimientos del idioma.   47. lo que
                                                                                                                               lo cual

48. No quiere guardarlas y por eso me dio estas revistas _____ son tan divertidas.   48. que

49. Me dan horror las peligrosas navajas con _____ están jugando esos jóvenes.   49. las que
    que
    las cuales

50. Siente pocas simpatías por ese señor con _____ tiene que trabajar tantas horas.   50. el que
    quien
    el cual

51. Son las mismas ideas _____ tiene mi abuelita.   51. que

52. Es un escritor realista _____ obras las entienden todos.   52. cuyas

53. No saludó a su yerno, para _____ tenía siempre palabras de desdén.   53. quien
    el que
    el cual

54. Son las mismas dudas _____ tiene el comandante Quiroga.   54. que

55. Decidió romper con _____ lazos lo unían a aquella sociedad hipócrita.   55. cuantos

56. _____ nos dio un plato de comida fue la señora Candelaria.   56. quien
    la que

57. Jesucristo le habló a _____ estaban interesados en su doctrina.   57. cuantos

58. Él tenía miedo a los chicos, de _____ no sabía cómo defenderse.   58. los que
    quienes
    los cuales

59. _____ sacamos más provecho somos aquellos que vamos al laboratorio diariamente.   59. los que
    quienes

60. _____ ganó un premio fue Calvo Sotelo.

    60. el que
        quien

61. De África era _____ venían esclavos negros.

    61. de donde

62. No había una civilización indígena que poner a trabajar, _____ trajo como consecuencia que llevaran esclavos africanos para hacer el trabajo.

    62. lo que
        lo cual

63. De América era _____ sacaban el oro.

    63. de donde

64. En Cuba no fue _____ encontraron más oro.

    64. donde
        en donde

65. Por fin llegó el sacerdote, _____ todos esperaban con cierta ansiedad.

    65. a quien
        al que
        al cual

66. A América era _____ llevaban los esclavos negros.

    66. adonde
        (a donde)

67. Me enteré que Margarita, a _____ le había pedido que viniera a mi casa, se había ido a bailar al Copacabana.

    67. la que
        quien
        la cual

68. ¿Por qué saliste con esos jóvenes con _____ te he prohibido salir?

    68. quienes
        los que
        los cuales

69. Abrieron el palacio en _____ salones hay obras de arte tan famosas.

    69. cuyos

70. Calvo Sotelo es el dramaturgo sobre _____ tengo que escribir varios ensayos.

    70. el cual
        el que
        quien

71. Vivía encerrado en su mundo interior y no le interesaban _____ cosas pasaran en el mundo exterior.

    71. cuantas

72. Amparo Martí fue _____ hizo el papel de Matilde.

    72. la que
        quien

73. En Nueva York fue _____ vi a Richard Burton en *Hamlet*.

    73. donde
        en donde

74. Se enamoraba de _____ muchacha veía. 74. cuanta

75. _____ acaba de verla es en el aeropuerto a punto de tomar el avión para San Francisco. 75. donde / en donde

76. _____ voy ahora es a comerme un plato de arroz con pollo. 76. adonde (a donde)

77. Estaba junto al hombre en _____ depositaba todas sus ilusiones. 77. quien / el cual / el que

78. Me cuesta trabajo tolerar las tonterías de esa mujer a _____ no soporto ni un minuto más. 78. la que / quien / la cual

79. Quiero ir al museo _____ cuadros son tan famosos. 79. cuyos

80. Teníamos algunas dudas respecto al cura gallego sobre _____ tanto se habló después. 80. quien / el que / el cual

81. _____ no se aventura ni gana ni pierde. 81. quien / el que

82. _____ le dio cigarrillos fue el teniente Pahlen. 82. quien / el que

83. En Hispanoamérica, lo indio y lo negro se han mezclado a lo hispánico, _____ indica que existe multiplicidad en la formación cultural. 83. lo cual / lo que

84. ¿Te acuerdas de ese escritor sobre _____ se habló tanto en los periódicos? 84. el cual / el que / quien

85. _____ nunca voy es a la ópera. 85. adonde (a donde)

86. _____ vayamos a la universidad unos años más, nos graduaremos. 86. los que / quienes / cuantos

87. En diferentes aspectos de la cultura notamos manifestaciones de origen negro, _____ indica su participación activa dentro de ella.

87. lo cual
 lo que

88. Su composición tiene muchas faltas, _____ es inexplicable.

88. lo cual
 lo que

89. _____ podrán dar una opinión clara y precisa serán aquellos que lean la obra dos veces.

89. los que
 quienes

Ejercicio B. *Contéstense las preguntas siguientes según los modelos. Cubra las respuestas. Después baje la tarjeta a medida que realiza el ejercicio:*

MODELOS: ¿Quién descubrió el Nuevo Mundo? ¿Colón o Einstein?
Fue Colón quien descubrió el Nuevo Mundo.

¿Quién escribía comedias entonces? ¿Napoleón o Shakespeare?
Era Shakespeare quien escribía comedias entonces.

1. ¿Quién vivió en Mount Vernon? ¿Washington o Roosevelt?
 Fue Washington quien vivió en Mount Vernon.
2. ¿Quién quería comerse la manzana? ¿Adán o Eva?
 Era Eva quien quería comerse la manzana.
3. ¿Quién sintió la falta de una costilla? ¿Adán o Eva?
 Fue Adán quien sintió la falta de una costilla.
4. ¿Quién jugaba a la canasta? ¿La serpiente o Eva?
 Era Eva quien jugaba a la canasta.
5. ¿Quién dijo «¡Bah!»? ¿Adán o la serpiente?
 Fue la serpiente quien dijo «¡Bah!».
6. ¿Quién conquistó México? ¿Cortés o Marco Polo?
 Fue Cortés quien conquistó México.
7. ¿Quién vivió en Grecia? ¿Platón o Lope de Vega?
 Fue Platón quien vivió en Grecia.
8. ¿Quién escribió novelas? ¿Cervantes o Simón Bolívar?
 Fue Cervantes quien escribió novelas.
9. ¿Quién quería llegar a la India? ¿Colón o Moctezuma?
 Era Colón quien quería llegar a la India.

EJERCICIO DE REPASO: <u>AUNQUE</u>

Siga los modelos:

MODELOS: Está lloviendo a cántaros. Sin embargo voy al parque.
Aunque está lloviendo a cántaros, voy al parque.

Será buen médico. Es posible. Pero yo no le tengo confianza.
Aunque sea buen médico, yo no le tengo confianza.

Es buen médico. ¿Y a mí qué? Me es antipático.
Aunque sea buen médico, me es antipático.

¿Que la pagarían bien? A él no le importaba. No iba a trabajar.
Aunque le pagaran bien, no iba a trabajar.

Cobraría demasiado. Era posible. Pero para mí era un médico fenomenal.
Aunque cobrara demasiado, para mí era un médico fenomenal.

1. Tú no me creerás. Sin embargo, yo te diré la verdad.
Aunque tú no me creas, yo te diré la verdad.
2. Tendrá algunos vicios. Puede ser. Pero para mí es muy simpático.
Aunque tenga algunos vicios, para mí es muy simpático.
3. Es muy feo. No hay duda. Pero es un hombre honrado.
Aunque es muy feo, es un hombre honrado.
4. Es altanera y vanidosa. ¿Y qué? Para mí es muy hermosa.
Aunque sea altanera y vanidosa, para mí es muy hermosa.
5. Teníamos mucho que hacer. Sin embargo, fuimos al baile.
Aunque teníamos mucho que hacer, fuimos al baile.
6. El ruso sería culpable. Podía ser. ¿Y qué? Le daba pena al norteamericano.
Aunque el ruso fuera culpable, al nortamericano le daba pena.
7. Es un gran científico. ¿Quién lo duda? ¡Pero, qué caray! Nadie comprende sus teorías.
Aunque sea un gran científico, nadie comprende sus teorías.
8. ¿Que te engañó la bribona? Olvídala. Te queda tiempo para encontrar mejor novia.
Aunque te haya engañado la bribona, te queda tiempo para encontrar mejor novia.
9. Será pobre. A mí no me importa. Me voy a casar con él.
Aunque sea pobre, me voy a casar con él.
10. Se come bien en ese restaurante. Pero en cambio, se gasta mucho.
Aunque se come bien en ese restaurante, se gasta mucho.
11. Habrá sido el primer torero de España. No sé. Pero murió pobre.
Aunque haya sido el primer torero de España, murió pobre.
12. Dice que la situación es favorable. No lo dudo. En todo caso, yo no me fío de él.
Aunque la situación es favorable, yo no me fío de él.
13. Los documentos habrán llegado ayer. ¿Quién sabe? Todavía no los he visto.
Aunque los documentos hayan llegado ayer, todavía no los he visto.
14. Es el peor pintor del mundo. Lo que no comprendo es que gane un dineral.
Aunque sea el peor pintor del mundo, gana un dineral.

15. Serán millonarios. Es posible. Pero ¿qué importa? No saben vivir.
    Aunque sean millonarios, no saben vivir.
16. Es bien sabido que era buen escritor. Lo que no comprendo es que no ganaba mucho.
    Aunque fuera buen escritor, no ganaba mucho.
17. Pepe te prometerá mar y mundo. Pero óyeme, no lo creas.
    Aunque Pepe te prometa mar y mundo, óyeme, no lo creas.
18. Todo el mundo lo admiraba. Pero tengo mis dudas. Para mí era un miserable asqueroso.
    Aunque todo el mundo lo admirara, para mí era un miserable asqueroso.
19. Tiene renombre de artista. Bueno, ¿y qué? En mi opinión le falta buen gusto.
    Aunque tenga renombre de artista, le falta buen gusto.
20. Será verdad que todos lo admiran. ¿A mí, qué? Yo lo odio como a la muerte.
    Aunque todos lo admiren, yo lo odio como a la muerte.
21. Habrá sido bella en sus días. ¿Quién sabe? Pero hoy está fea hasta la repugnancia.
    Aunque haya sido bella en sus días, hoy está fea hasta la repugnancia.
22. ¿Que es caprichosa y extravagante? ¿Y a mí qué? Estoy loco por ella.
    Aunque sea caprichosa y extravagante, estoy loco por ella.

14

EJERCICIO DE REPASO: LAS CONSTRUCCIONES CON SI

Siga los modelos. Nótese que hay que repetir intacta la parte de la oración que sigue a la **expresión de lo contrario:**

MODELOS: Duermen ocho horas cada noche. De lo contrario, se despiertan cansados.
Si no duermen ocho horas cada noche, se despiertan cansados.

Duermo ocho horas cada noche. De lo contrario, me despertaría cansado.
Si no durmiera ocho horas cada noche, me despertaría cansado.

No tengo dinero. De lo contrario, te lo prestaría.
Si tuviera dinero, te lo prestaría.

Vuelva usted pronto. De lo contrario, me voy.
Si usted no vuelve pronto, me voy.

1. Lo hago mañana sin falta. De lo contrario, no me pague usted.
Si no lo hago mañana sin falta, no me pague usted.
2. Pasaban las horas libres en el café. De lo contrario, se aburrían.
Si no pasaban las horas libres en el café, se aburrían.
3. No lavo el coche hoy. De lo contrario, llovería sin duda.
Si lavara el coche hoy, llovería sin duda.
4. Lee un rato en la cama. De lo contrario, no se dormiría.
Si no leyera un rato en la cama, no se dormiría.
5. Gervasio no supo lo del testamento. De lo contrario, no habría aceptado la situación.
Si Gervasio hubiera sabido lo del testamento, no habría aceptado la situación.
6. El alumno no encuentra el libro. De lo contrario, lo leería.
Si el alumno encontrara el libro, lo leería.
7. El joven actor es divorciado. De lo contrario, no podría casarse con Elisabeth.
Si el joven actor no fuera divorciado, no podría casarse con Elisabeth.
8. Me pongo el impermeable. De lo contrario, llegaré mojado.
Si no me pongo el impermeable, llegaré mojado.
9. Jorge no es un católico como su suegra. De lo contrario, no lucharía tanto por su salvación.
Si Jorge fuera un católico como su suegra, no lucharía tanto por su salvación.
10. Te presto el dinero. De lo contrario, lo pedirás al usurero.
Si no te presto el dinero, lo pedirás al usurero.
11. Tómate la medicina. De lo contrario, tendrás que guardar cama.
Si no te tomas la medicina, tendrás que guardar cama.

12. Yo como tres veces cada día. De lo contrario, me pongo enfermo.
    Si no como tres veces cada día, me pongo enfermo.
13. Haremos la tarea. De lo contrario, el profesor nos daría mala nota.
    Si no hiciéramos la tarea, el profesor nos daría mala nota.
14. Te prestaremos el dinero. De lo contrario, lo pedirías al usurero.
    Si no te prestáramos el dinero, lo pedirías al usurero.
15. Tómate la medicina. De lo contrario, tendrías que guardar cama.
    Si no te tomaras la medicina, tendrías que guardar cama.
16. Yo como tres veces cada día. De lo contrario, me pondría enfermo.
    Si yo no comiera tres veces cada día, me pondría enfermo.
17. Dígales la verdad. De lo contrario le echan a la cárcel.
    Si no les dice la verdad, le echan a la cárcel.
18. Les dijo usted la verdad. De lo contrario, le habrían echado a la cárcel.
    Si no les hubiera dicho usted la verdad, le habrían echado a la cárcel.
19. No lavaron el coche hoy. De lo contrario, habría llovido sin duda.
    Si hubieran lavado el coche hoy, habría llovido sin duda.
20. No estoy seguro de eso. De lo contrario, te lo diría.
    Si estuviera seguro de eso, te lo diría.
21. No me dejo llevar de mis impulsos. De lo contrario, te secundaría.
    Si me dejara llevar de mis impulsos, te secundaría.
22. Tu mentalidad no es la del vencido. De lo contrario, me avergonzaría.
    Si tu mentalidad fuera la del vencido, me avergonzaría.
23. No dependía de mí. De lo contrario, no habría salido ninguno.
    Si hubiera dependido de mí, no habría salido ninguno.

EJERCICIO DE REPASO: EL SUBJUNTIVO EN ORACIONES ADJETIVALES

Complete con la forma apropiada del verbo indicado. Cubra las respuestas:

Hay que hacer leyes que _____ un ideal.   constituir

Hay que hacer leyes que constituyan un ideal.

Pasaron por unas montañas desde las cuales _____ ver   poderse

toda la región.

Pasaron por unas montañas desde las cuales se podía ver toda la

región.

Van buscando una tierra donde la condición humana _____   ser

distinta.

Van buscando una tierra donde la condición humana sea distinta.

Vivían en una tierra donde la condición humana _____ ser
distinta.

Vivían en una tierra donde la condición humana era distinta.

Era una región donde no _____ penetrado ningún haber
hombre.

Era una región donde no había penetrado ningún hombre.

Algunos no trabajan porque no hay nadie que los _____. comprender

Algunos no trabajan porque no hay nadie que los comprenda.

Por falta de inteligencia, se puso en una situación donde las
certezas _____ pocas. ser

Por falta de inteligencia, se puso en una situación donde las certezas eran pocas.

Se necesitan programas que _____ los problemas resolver
económicos.

Se necesitan programas que resuelvan los problemas económicos.

Querían vivir en una región donde no _____ penetrado haber
ningún hombre.

Querían vivir en una región donde no hubiera penetrado ningún hombre.

Encontraron varios argumentos que _____ al socialismo. favorecer

Encontraron varios argumentos que favorecían al socialismo.

No hay nadie que _____ llamarse experto en esas poder
cosas.

No hay nadie que pueda llamarse experto en esas cosas.

No quería meterme en ninguna situación donde las certezas _____ pocas.   ser

No quería meterme en ninguna situación donde las certezas fueran pocas.

Se desvelaban por encontrar argumentos que _____ al   favorecer
socialismo.

Se desvelaban por encontrar argumentos que favorecieran al socialismo.

No pudieron descubrir medios que _____ compatibles   ser
con el progreso.

No pudieron descubrir medios que fueran compatibles con el progreso.

Abandonará sus caprichos en cuanto consiga marido que la
_____.   dominar

Abandonará sus caprichos en cuanto consiga marido que la domine.

Para resolver el problema, hay varios medios que _____   poderse
adoptar.

Para resolver el problema, hay varios medios que se pueden adoptar.

Se desvelan inútilmente; no encontrarán el dinero que _____   haber
perdido.

Se desvelan inútilmente; no encontrarán el dinero que han perdido.

¿Existe un país iberoamericano donde no se _____ de   hablar
la crisis de la izquierda?

¿Existe un país iberoamericano donde no se hable de la crisis de la izquierda?

Se ocupan en una tarea que los _____ dejado sin   haber
fuerzas.

Se ocupan en una tarea que los ha dejado sin fuerzas.

— Diego, ve a buscarme el periódico que _____ en el   estar
 comedor.

— Diego, ve a buscarme el periódico que está en el comedor.

No hay ninguna actividad que no le _____ trabajo.   costar

No hay ninguna actividad que no le cueste trabajo.

15

15·7 *Lea las oraciones que siguen, poniendo en el lugar apropiado el adjetivo que aparece en el paréntesis:*

1. Como su novio se había ido con otra, ahora María Emilia era una *muchacha* que había perdido el deseo de vivir. (triste)
2. El accidente ocurrió por una *casualidad*. (simple)
3. Esas *reformas* no están bien planificadas. (agrarias)
4. Es una comida muy mala. Mi madre dice que no es una *comida* que le pueda hacer bien a nadie. (digerible)
5. Ese río que tiene muchas curvas indica así su vejez. Es un *río* que hoy recorre lentamente la región. (antiguo)
6. Acaban de elegir al *presidente* de la Asociación de Ganaderos de la Argentina. (nuevo)
7. Donde hay un *hombre,* ahí está Lola Candela, para ver si se casa con él. (rico)
8. Las *acciones* de doña Perfecta le harán ganar el cielo con facilidad. (buenas)
9. El *joven* arrojó una piedra contra la embajada. (comunista)
10. En Nueva York hay muchos *edificos*. (altos)
11. El famoso pintor El Greco pintaba *rostros* que resultan realmente impresionantes. (alargados)
12. Acabo de leer una interesante *novela* del siglo XIX. (histórica)
13. ¿Le interesa a usted la *literatura*? (romántica)
14. La *luna* dejaba ver su afilada silueta. (nueva)
15. El Amazonas, que como todos sabemos es un *río* sudamericano, recorre gran parte del territorio brasileño. (largo)
16. El presidente encuentra al país en una situación caótica. Por eso, no se detiene a resolver asuntos administrativos, sino que se concentra en los *problemas* de la nación. (fundamentales)

1. muchacha triste
2. simple casualidad
3. reformas agrarias
4. comida digerible
5. antiguo río
6. nuevo presidente
7. hombre rico
8. buenas acciones
9. joven comunista
10. edificios altos
11. rostros alargados
12. novela histórica
13. literatura romántica
14. luna nueva
15. largo río
16. problemas fundamentales

17. Al señor Caramillo todos los empleados le robaban. Y lo que es más, se reían a las espaldas del *señor*. (pobre)   17. pobre señor
18. Esa poetisa es conocida por su agudo sentido de la belleza, por la finura de sus metáforas. Por eso algunos la han llamado, «*flor* entre las flores.» (delicada)   18. delicada flor
19. Las *condiciones* del país hacían difícil la estabilidad política. (miserables)   19. miserables condiciones
20. El *análisis* reveló que el desarrollo de la enfermedad se había detenido. (clínico)   20. análisis clínico
21. Los *habitantes* de la isla llegaron hace millones de años. (primeros)   21. primeros habitantes
22. Las diferentes *clases* del país se encuentran insatisfechas por las medidas tomadas por el gobierno. (sociales)   22. clases sociales
23. Los *trabajadores* decidieron no cooperar con las medidas destinadas a que el estado controlara los cultivos. (agrícolas)   23. trabajadores agrícolas
24. Es la gorda del circo. Pesa trescientas libras. Por la noche, deja caer su *cuerpo* sobre la cama, que tiembla horrorizada. (pesado)   24. pesado cuerpo
25. Calvo, con ojos de lechuza, nariz de cuervo y boca de mono, en realidad tenía una *expresión* en su rostro que metía miedo. (horrible)   25. horrible expresión
26. Me gustan las *novelas*. (realistas)   26. novelas realistas
27. El niño chillaba. Sus *gritos* estaban a punto de enloquecerme. (agudos)   27. agudos gritos
28. Llegaron los embajadores, entre ellos el *embajador* de Guatemala. (ilustre)   28. ilustre embajador
29. No corresponde a un solo país, sino a muchos, la solución de esos *problemas*. (internacionales)   29. problemas internacionales
30. Un *gato*, más negro que la noche, corrió por el pasillo. (negro)   30. gato negro
31. Los *obreros* se vieron obligados a trabajar horas extras sin recibir sueldo. (azucareros)   31. obreros azucareros

EJERCICIO DE REPASO: ÉSTE VERSUS ESTO

Use **éste** *o* **esto** *en lugar de las palabras en bastardillas:*

MODELOS: Cuando llegue a *ser millonario,* viajaré por todo el mundo.
              Cuando llegue a esto, viajaré por todo el mundo.

Afirman las gentes que *Concha* es una loca.
Afirman las gentes que ésta es una loca.

Estaba convencido de que le faltaban *dichos libros* en su biblioteca particular.
Estaba convencido de que la faltaban éstos en su biblioteca particular.

Lo de la guerra civil ya no le impresionaba más.
Esto ya no le impresionaba más.

1. Si me emborracho es nada más que para *sentirme alegre*.
   Si me emborracho es nada más que para esto.
2. Yo sentí el callado reproche de *mi hermana*.
   Yo sentí el callado reproche de ésta.
3. Dolores se enamoró de *un actor* por la misma causa.
   Dolores se enamoró de éste por la misma causa.
4. Después de *charlar y beber un ratito,* salía borracho.
   Después de esto, salía borracho.
5. Mañana le tocará su turno, de acuerdo con *lo estipulado*.
   Mañana le tocará su turno, de acuerdo con esto.
6. Por miedo de que me perdiera, *mi madre* no me dejaba salir.
   Por miedo de que me perdiera, ésta no me dejaba salir.
7. Dediqué mis largos ocios a *enamorar a las muchachas*.
   Dediqué mis largos ocios a esto.
8. Se desesperaban *los vecinos* escuchando mis largas serenatas.
   Se desesperaban éstos escuchando mis largas serenatas.
9. Dirigiéndome a *las enfermeras,* pregunté por el médico.
   Dirigiéndome a éstas pregunté por el médico.
10. Por *lo difícil del asunto,* tuvimos que abandonarlo.
    Por esto, tuvimos que abandonarlo.
11. A las primeras visitas *los enfermos* se animaban.
    A las primeras visitas éstos se animaban.
12. Por *miedo de que me perdiera,* mi madre no me dejaba salir.
    Por esto, mi madre no me dejaba salir.
13. *Los españoles* comenzaron a mostrar mayor respeto hacia los indios.
    Éstos comenzaron a mostrar mayor respeto hacia los indios.
14. A pesar del *policía,* Pepe Botella tomó tequila y no pagó nada.
    A pesar de éste, Pepe Botella tomó tequila y no pagó nada.
15. No le importaba *que nunca pudiera enriquecerse*.
    No le importaba esto.
16. Insistió en *que el congreso promulgara leyes adecuadas*.
    Insistió en esto.
17. Insistieron en que *él* era el único culpable.
    Insistieron en que éste era el único culpable.
18. Bueno, me encargo yo de *lo que dirán*.
    Bueno, me encargo yo de esto.

EJERCICIOS DE REPASO: SUSTITUTOS DE ESTAR

Ejercicio A. *Reemplace* **estar** *con* **encontrarse:**

1. Jorge estaba en la sala con el secretario.
   Jorge se encontraba en la sala con el secretario.
2. Siento mucho que su padre no esté bien.
   Siento mucho que su padre no se encuentre bien.
3. Por milagro y a pesar del bombardeo, mi casa estaba sin daño alguno.
   Por milagro y a pesar del bombardeo, mi casa se encontraba sin daño alguno.
4. Cuando está en la calle, todos lo saludan sonriendo.
   Cuando se encuentra en la calle, todos lo saludan sonriendo.
5. Se dio prisa para poder estar listo a tiempo.
   Se dio prisa para poder encontrarse listo a tiempo.
6. Le dieron la butaca para que estuviera más cómodo.
   Le dieron la butaca para que se encontrara más cómodo.
7. Desde el banco en donde estaba sentado veía a toda la gente.
   Desde el banco en donde se encontraba sentado veía a toda la gente.
8. Mientras estuvieran juntos nadie podía dañarlos.
   Mientras se encontraran juntos nadie podía dañarlos.
9. Si sigues de ese modo, estarás solo y sin amistades.
   Si sigues de ese modo, te encontrarás solo y sin amistades.
10. En ese caso, la iglesia estaría llena de gente.
    En ese caso, la iglesia se encontraría llena de gente.
11. No pudimos asistir al concierto porque estábamos sin plata.
    No pudimos asistir al concierto porque nos encontrábamos sin plata.
12. Búscalo; estará poniendo una inyección al enfermo.
    Búscalo; se encontrará poniendo una inyección al enfermo.
13. Cuando mi papá estaba en casa, nadie se atrevía a hablar.
    Cuando mi papá se encontraba en casa, nadie se atrevía a hablar.
14. Se alegran de que yo haya estado en la clase de su hijo.
    Se alegran de que yo me haya encontrado en la clase de su hijo.
15. No pude hablarles porque estaban fuera de la ciudad.
    No pude hablarles porque se encontraban fuera de la ciudad.

Ejercicio B. *Repítase el ejercicio A reemplazando* **estar** *con* **hallarse.**

Ejercicio C. *Reemplace* **estar todavía** *con* **seguir,** *y* **estar** *con* **ir** *o* **venir,** *según el sentido:*

MODELOS: No tomó la medicina y está todavía enfermo.
No tomó la medicina y sigue enfermo.

Le aseguro que cuando salieron de aquí, estaban muy contentos.
Le aseguro que cuando salieron de aquí, iban muy contentos.

Mi vecino entraba para pedirme un favor y estaba algo indeciso.
Mi vecino entraba para pedirme un favor y venía algo indeciso.

1. El edificio está todavía sin terminar por falta de dinero.
   El edificio sigue sin terminar por falta de dinero.
2. Lo perdimos de vista, pero notamos que estaba buscando algo.
   Lo perdimos de vista, pero notamos que iba buscando algo.
3. Por cierto que era un ladrón: estaba acercándose a mi puerta.
   Por cierto que era un ladrón: venía acercándose a mi puerta.
4. ¿Y de Jorge, qué me cuentas? ¿Está todavía tan enfermo?
   ¿Y de Jorge, qué me cuentas? ¿Sigue tan enfermo?
5. Con ellos salió también la criada, que los estaba acompañando por todas partes.
   Con ellos salió también la criada, que los iba acompañando por todas partes.
6. Se alejó de mí con un gesto de desdén; se veía que estaba enojado.
   Se alejó de mí con un gesto de desdén; se veía que iba enojado.
7. Lo vi acercarse a mi casa; estaba mirando por todas partes como si no conociera esa calle.
   Lo vi acercarse a mi casa; venía mirando por todas partes como si no conociera esa calle.
8. ¿Y aquel profesor severo, está todavía en la universidad?
   ¿Y aquel profesor severo, sigue en la universidad?
9. La familia Hontanar está todavía en El Tomillar.
   La familia Hontanar sigue en El Tomillar.
10. Esa pobre señora, cuando me trae la ropa que acaba de lavar, parece que está muerta de cansancio.
    Esa pobre señora, cuando me trae la ropa que acaba de lavar, parece que viene muerta de cansancio.
11. ¿El marido de doña Lola está todavía tan gordo como era?
    ¿El marido de doña Lola sigue tan gordo como era?
12. Después de ponerme la comida en la mesa, la criada salió. Estaba cantando.
    Después de ponerme la comida en la mesa, la criada salió. Iba cantando.
13. Era tarde ya; al traerme la cena la criada estaba muy disgustada.
    Era tarde ya; al traerme la cena la criada venía muy disgustada.
14. Tuve que quedarme en mi asiento mientras los otros estaban saliendo.
    Tuve que quedarme en mi asiento mientras los otros iban saliendo.
15. Tuve que quedarme en mi asiento mientras los otros estaban entrando.
    Tuve que quedarme en mi asiento mientras los otros venían entrando.
16. Nunca olvidaré la alegría y la gracia de tu papá. ¿Está todavía contigo?
    Nunca olvidaré la alegría y la gracia de tu papá. ¿Sigue contigo?
17. ¿Quién te permitió entrar aquí? ¿Por qué me estás molestando?
    ¿Quién te permitió entrar aquí? ¿Por qué me vienes molestando?
18. Se fue el viejo con paso lento. ¡Qué pena me daba! Estaba tan triste.
    Se fue el viejo con paso lento. ¡Qué pena me daba! Iba tan triste.

Ejercicio D. *Reemplace* **estar** *con* **quedar** *o* **andar**, *según el sentido:*

MODELOS: Oye, chico, ¿dónde está la farmacia Jiménez?
              Oye, chico, ¿dónde queda la farmacia Jiménez?

¿Dónde estará Gervasio Quiroga a estas horas?
¿Dónde andará Gervasio Quiroga a esta horas?

1. La casa del señor Hontanar está a tres cuadras hacia el sur.
   La casa del señor Hontanar queda a tres cuadras hacia el sur.
2. El sacerdote estará buscando su paraguas.
   El sacerdote andará buscando su paraguas.
3. ¿Estaba en Galicia la finca de los Hontanar?
   ¿Quedaba en Galicia la finca de los Hontanar?
4. No, estaba en Extremadura.
   No, quedaba en Extremadura.
5. ¿Dónde está mi abrigo de pieles? Lo dejé aquí en el sofá.
   ¿Dónde anda mi abrigo de pieles? Lo dejé aquí en el sofá.
6. ¿Está su pueblo natal en Michoacán o en Guadalajara?
   ¿Queda su pueblo natal en Michoacán o en Guadalajara?
7. Gervasio es de Extremadura, que está al suroeste de España.
   Gervasio es de Extremadura, que queda al suroeste de España.
8. La receta que me dio el médico debe estar por aquí en alguno que otro bolsillo.
   La receta que me dio el médico debe andar por aquí en alguno que otro bolsillo.
9. El hospital estaba en las afueras de la población.
   El hospital quedaba en las afueras de la población.
10. La mujer esa siempre está metiéndose en asuntos que no tienen nada que ver con ella.
    La mujer esa siempre anda metiéndose en asuntos que no tienen nada que ver con ella.
11. Sí, y algún día estará sorprendida de hallarse comprometida en algo desagradable.
    Sí, y algún día quedará sorprendida de hallarse comprometida en algo desagradable.
12. La nueva residencia está a orillas de un pequeño lago.
    La nueva residencia queda a orillas de un pequeño lago.
13. El pobre tonto está confuso porque no ve a nadie que conozca.
    El pobre tonto anda confuso porque no ve a nadie que conozca.
14. La jeringuilla que buscábamos estaba en el estuche.
    La jeringuilla que buscábamos andaba en el estuche.
15. El Escorial estará a unos 40 o 50 kilómetros de Madrid.
    El Escorial quedará a unos 40 o 50 kilómetros de Madrid.
16. Durante la visita médica, Pelagia estaba hablando al doctor sin parar.
    Durante la visita médica, Pelagia andaba hablando al doctor sin parar.
17. El púlpito de la catedral estaba al lado del altar mayor.
    El púlpito de la catedral quedaba al lado del altar mayor.
18. ¿Dónde está el café en que se reunían el poeta y el loco?
    ¿Dónde queda el café en que se reunían el poeta y el loco?
19. El Ecuador está al norte del Perú y al suroeste de Colombia.
    El Ecuador queda al norte del Perú y al suroeste de Colombia.
20. Me parece que Carlos está en el patio o en la cocina.
    Me parece que Carlos anda en el patio o en la cocina.

EJERCICIO DE REPASO: LOS RELATIVOS

Complete las oraciones con un relativo apropiado. En algunos casos es posible que sirvan dos o más de las formas. Piensen en las distintas formas que puedan sustituirse en cada caso. Cubra las respuestas:

1. Mi familia, _____ tenía costumbres muy tradicionales, no me permitía salir sola con mi novio.

    1. que
    la que
    la cual

2. Mañana llegará el industrial alemán con _____ pensamos tener importantes relaciones comerciales.

    2. quien
    el que
    el cual

3. _____ rompe viejo, paga nuevo.

    3. El que
    Quien

4. Panamá. De ahí es _____ vienen esos sombreros tan famosos.

    4. de donde

5. Era la casa de sus sueños, por _____ estaba muy emocionado.

    5. lo cual
    lo que

6. Es un joven demasiado sensible _____ triunfo en la vida parece dudoso.

    6. cuyo

7. No tenía carácter para los negocios, ya que fracasaba en _____ intentaba.

    7. cuanto

8. _____ no cumple con sus obligaciones, no tiene derecho a protestar.

    8. Quien
    El que

9. Contestó la pregunta _____ menos parece saber.

    9. quien
    el que

10. Es muy distinta la vida en el Congo, a _____ tuvimos que acostumbrarnos.

    10. la que
    la cual

11. Madrid es el lugar _____ se desarrolla la acción de *La muralla*.
   11. donde
   en donde
   en el que
   en que

12. La casa tenía habitaciones a ambos lados, por _____ era posible alojar a muchos soldados.
   12. lo cual
   lo que

13. Pasamos la noche en aquella ciudad _____ calles estaban llenas de soldados.
   13. cuyas

14. Respecto al problema que le planteaban, deseaba encontrar _____ soluciones fueran posibles.
   14. cuantas

15. Me pareció muy interesante la escultura _____ representaba la luna.
   15. que

16. Le llevé un regalo al profesor _____ había sido tan bueno conmigo.
   16. que

17. Le dieron un premio a ese escritor de _____ obras habla tan bien la crítica.
   17. cuyas

18. Hay _____ luchan por sus ideales aunque les cueste la vida.
   18. quienes
   los que

19. _____ me dijo que no tenía que pagar nada fue el juez.
   19. El que
   Quien

20. Mentiroso es _____ no dice la verdad.
   20. el que
   quien

21. Llegó al palacio _____ habían nacido sus antepasados.
   21. donde
   en donde
   en que

22. Le sonrió al soldado _____ simpatía trataba de conquistar.
   22. cuya

EJERCICIOS DE REPASO: LAS FORMAS DE MANDATO

Ejercicio A. *En las frases siguientes se dice que diversas personas hacen o harán algo. Dígale a cada una que no lo haga. Recuérdese en este ejercicio de tutear con los nombres de pila, y que el plural de* **tú** *en el habla de Latinoamérica es* **ustedes**:

MODELOS: Pedro hablará demasiado.
Pedro, no hables demasiado.

Los niños me escuchan.
Niños, no me escuchen.

¡Paco dice tantas mentiras!
¡Paco, no digas tantas mentiras!

1. Ana me lo repite.
   Ana, no me lo repitas.
2. Clarita se comerá las espinacas.
   Clarita, no te comas las espinacas.
3. Los niños volverán a la escuela.
   Niños, no vuelvan a la escuela.
4. Rosita me servirá la salsa picante.
   Rosita, no me sirvas la salsa picante.
5. Los amigos dicen disparates.
   Amigos, no digan disparates.
6. Gerardo riñe con ese yanqui.
   Gerardo, no riñas con ese yanqui.
7. Los niños van por leña.
   Niños, no vayan por leña.
8. Alicia se pone esos zapatos viejos.
   Alicia, no te pongas esos zapatos viejos.
9. Tomás se viste sin lavarse.
   Tomás, no te vistas sin lavarte.
10. ¡Los niños hacen tanto ruido!
    ¡Niños, no hagan tanto ruido!
11. Matías seguirá cantando en falsete.
    Matías, no sigas cantando en falsete.
12. David sale por la puerta principal.
    David, no salgas por la puerta principal.
13. Lola oye la voz del destino.
    Lola, no oigas la voz del destino.
14. Los amigos se ponen furiosos.
    Amigos, no se pongan furiosos.
15. ¡Los chicos se mueven tan despacio!
    ¡Chicos, no se muevan tan despacio!
16. Julio volverá antes de las dos.
    Julio, no vuelvas antes de las dos.

17. Paquita es perezosa.
    Paquita, no seas perezosa.
18. Los niños comen antes de lavarse.
    Niños, no coman antes de lavarse.
19. Andrés paga lo que debo yo.
    Andrés, no pagues lo que debo yo.
20. Micaela viene arrastrándose.
    Micaela, no vengas arrastrándote.

Ejercicio B. *En las frases siguientes se dice que diversas personas no hacen o no harán algo. Dígale a cada una que lo haga. Recuérdese en este ejercicio de tutear con los nombres de pila y que el plural de* **tú** *en el habla de Latinoamérica es* **ustedes**:

MODELOS: Los niños no me escuchan.
Niños, escúchenme.

Pedro no dice la verdad.
Pedro, di la verdad.

Anita no volverá a la escuela.
Anita, vuelve a la escuela.

1. Clarita no se come las espinacas.
   Clarita, cómete las espinacas.
2. Pedro no va por cerveza.
   Pedro, ve por cerveza.
3. Los chicos no dicen la verdad.
   Chicos, digan la verdad.
4. María no tiene cuidado con el coche.
   María, ten cuidado con el coche.
5. Antonio no hace su deber.
   Antonio, haz tu deber.
6. Dolores no me sirve el postre.
   Dolores, sírveme el postre.
7. Los chicos no se lavan.
   Chicos, lávense.
8. Andrés no se pone el abrigo mío.
   Andrés, ponte el abrigo mío.
9. Julio no sale por la puerta principal.
   Julio, sal por la puerta principal.
10. El niño no va a la escuela.
    Niño, ve a la escuela.
11. Mario no es bondadoso.
    Mario, sé bondadoso.
12. Los chicos no van por leña.
    Chicos, vayan por leña.

13. Los amigos no vienen a comer.
    Amigos, vengan a comer.
14. Jaime no viene preparado.
    Jaime, ven preparado.
15. Los niños no siguen jugando.
    Niños, sigan jugando.
16. Micaela no es diligente.
    Micaela, sé diligente.
17. Juana no dice todo lo que sabe.
    Juana, di todo lo que sabes.
18. Samuel no repite los chistes.
    Samuel, repite los chistes.
19. Pablo no se come el pastel entero.
    Pablo, cómete el pastel entero.
20. Lola no viene conmigo.
    Lola, ven conmigo.

Ejercicio C. *En las frases siguientes se dice que diversas personas hacen o no hacen algo. Dígale a cada una que haga lo que no hace o que no haga lo que hace. En este ejercicio hay que tratar de* **usted** *o* **ustedes**, *según el caso:*

MODELOS: Los doctores me hacen esperar.
          Doctores, no me hagan esperar.

          El profesor no tiene paciencia.
          Profesor, tenga paciencia.

          El señor López se queja de todo.
          Señor López, no se queje de todo.

1. El señor nos dice su opinión.
   Señor, no nos diga su opinión.
2. Los doctores riñen otra vez.
   Doctores, no riñan otra vez.
3. El profesor lo repite.
   Profesor, no lo repita.
4. Los generales no pagan la entrada.
   Generales, paguen la entrada.
5. ¡Esos señores se mueven tan despacio!
   ¡Señores, no se muevan tan despacio!
6. Los profesores no tienen cuidado con las notas.
   Profesores, tengan cuidado con las notas.
7. El capitán volverá mañana.
   Capitán, no vuelva mañana.
8. El doctor no sale del hospital.
   Doctor, salga del hospital.

9. Ese señor se pone el abrigo mío.
   Señor, no se ponga el abrigo mío.
10. El doctor no viene a examinarle la cabeza al profesor.
    Doctor, venga a examinarle la cabeza al profesor.
11. El doctor Castro oye la voz de las sirenas.
    Doctor Castro, no oiga la voz de las sirenas.
12. El abogado seguirá disputando hasta la madrugada.
    Abogado, no siga disputando hasta la madrugada.
13. La señorita va a la taberna con ese hombre.
    Señorita, no vaya a la taberna con ese hombre.
14. Las señoritas se ponen furiosas.
    Señoritas, no se pongan furiosas.
15. El señor me servirá café con leche.
    Señor, no me sirva café con leche.
16. ¡Ese profesor es tan distraído!
    ¡Profesor, no sea tan distraído!
17. Las maestras van al casino.
    Maestras, no vayan al casino.
18. El señor Rodríguez no volverá antes de las dos.
    Señor Rodríguez, vuelva antes de las dos.
19. Los señores nos dicen disparates.
    Señores, no nos digan disparates.
20. El capitán me deja solo.
    Capitán, no me deje solo.

Ejercicio D. *En las frases siguientes se dice que diversas personas hacen o no hacen una serie de cosas. Dígale a cada una que no haga lo que hace o que haga lo que no hace. Tutee con los nombres de pila, y con los títulos trate de* **usted**. *Recuérdese que el plural de* **tú** *en el habla de Latinoamérica es* **ustedes**:

MODELOS: El señor no nos dice su opinión.
Señor, díganos su opinión.

Los niños se comerán los caramelos.
Niños, no se coman los caramelos.

Los profesores no nos dan buenas notas.
Profesores, dennos buenas notas.

Lola viene a molestarme.
Lola, no vengas a molestarme.

1. Los niños no oyen los buenos consejos.
   Niños, oigan los buenos consejos.
2. Anita seguirá bailando hasta caerse.
   Anita, no sigas bailando hasta caerte.

3. Los señores oficiales no siguen el desfile.
   Señores oficiales, sigan el desfile.
4. ¡Esos profesores son tan severos!
   ¡Profesores, no sean tan severos!
5. Los doctores comerán los cangrejos.
   Doctores, no coman los cangrejos.
6. Ese maestro no es justiciero.
   Maestro, sea justiciero.
7. María no se pone los zapatos míos.
   María, ponte los zapatos míos.
8. El profesor no tiene cuidado con los exámenes.
   Profesor, tenga cuidado con los exámenes.
9. Tomás no dirá lo que pasó.
   Tomás, di lo que pasó.
10. El teniente no paga la entrada.
    Teniente, pague la entrada.
11. Los profesores no salen de la clase con entusiasmo.
    Profesores, salgan de la clase con entusiasmo.
12. El doctor no nos hizo una buena diagnosis.
    Doctor, háganos una buena diagnosis.
13. Eugenio se pone la corbata.
    Eugenio, no te pongas la corbata.

EJERCICIO DE REPASO: HACE

Conteste las preguntas en el afirmativo. No todas las preguntas pedirán una respuesta con **hace**. *Siga los modelos:*

MODELOS: ¿Cuánto tiempo han vivido allá? ¿Tres años y medio?
Sí, hace tres años y medio que viven allá.

¿Cuánto tiempo habían vivido allá cuando murió? ¿Seis meses?
Sí, hacía seis meses que vivían allá cuando murió.

¿Durante cuánto tiempo vivieron allá? ¿Dos años?
Sí, vivieron allá (por) dos años,

¿Cuánto tiempo ha pasado desde que nos conocimos? ¿Trece años?
Sí, nos conocimos hace trece años.

¿Cuánto tiempo ha pasado desde que trabajaba allí? ¿Año y medio?
Sí, trabajaba allí hace año y medio.

1. ¿Cuánto tiempo había estudiado para médico cuando fracasó? ¿Tres años?
   Sí, hacía tres años que estudiaba para médico cuando fracasó.
2. ¿Durante cuánto tiempo trabajó en la comisaría? ¿Dieciocho años?
   Sí, trabajó en la comisaría (por) dieciocho años.

3. ¿Cuánto tiempo ha pasado desde que tocaba el piano en la taberna? ¿Doce años?
   Sí, tocaba el piano en la taberna hace doce años.
4. ¿Cuánto tiempo ha soñado con el hijo? ¿Un año?
   Sí, hace un año que sueña con el hijo.
5. ¿Cuánto tiempo ha pasado desde que lo soñó íntegro? ¿Dos años?
   Sí, lo soñó íntegro hace dos años.
6. ¿Durante cuánto tiempo se quedó en Fray Bentos? ¿Un verano?
   Sí, se quedó en Fray Bentos (por) un verano.
7. ¿Cuánto tiempo ha pasado desde que vio a Funes por primera vez? ¿Tres años?
   Sí, vio a Funes por primera vez hace tres años.
8. ¿Cuánto tiempo hemos conocido a los Altamira? ¿Veinticinco años?
   Sí, hace veinticinco años que conocemos a los Altamira.
9. ¿Cuánto tiempo habíamos estado esperando antes que él llegara? ¿Media hora?
   Sí, hacía media hora que estábamos esperando antes que él llegara.
10. ¿Cuánto tiempo ha pasado desde que él llegó? ¿Un cuarto de hora?
    Sí, él llegó hace un cuarto de hora.
11. ¿Durante cuánto tiempo dio clases en aquella escuela? ¿Cuatro años?
    Sí, dio clases en aquella escuela (por) cuatro años.
12. ¿Cuánto tiempo ha pasado desde que daba clases allí? ¿Dos años?
    Sí, daba clases allí hace dos años.
13. ¿Cuánto tiempo ha pasado que no ha dado clases allí? ¿Dos años?
    Sí, hace dos años que no ha dado clases allí.
14. ¿Cuánto tiempo ha pasado desde que comenzó la carrera? ¿Cinco años?
    Sí, comenzó la carrera hace cinco años.
15. ¿Cuánto tiempo hemos estudiado el español? ¿Dos años?
    Sí, hace dos años que estudiamos el español.
16. ¿Durante cuánto tiempo estudió francés su hermana? ¿Cuatro años?
    Sí, su hermana estudió francés (por) cuatro años.
17. ¿Cuánto tiempo ha pasado desde que se reunían en el campanario? ¿Diez años?
    Sí, se reunían en el campanario hace diez años.
18. ¿Durante cuánto tiempo duró la fase bélica de la Revolución? ¿Diez años?
    Sí, la fase bélica de la Revolución duró (por) diez años.
19. ¿Cuánto tiempo han estado disputando el poder? ¿Siglo y medio?
    Sí, hace siglo y medio que están disputando el poder.
20. ¿Cuánto tiempo había gobernado Díaz cuando estalló la Revolución? ¿Más de treinta años?
    Sí, hacía más de treinta años que gobernaba Díaz cuando estalló la Revolución.

16

16·13 Ejercicio A. *Cambie las siguientes oraciones al imperfecto del subjuntivo. Siga los modelos. Cubra las respuestas:*

MODELOS: ¿Hablaron Eva y la serpiente?
  Claro. Era inevitable que hablaran.

  ¿Supieron todo lo que pasó?
  Claro. Era inevitable que lo supieran.

1. ¿Aprendieron mucho los niños?
   Claro. Era inevitable que aprendieran.
2. ¿Durmieron bien los enfermos?
   Claro. Era inevitable que durmieran bien.
3. ¿Se divirtieron los invitados?
   Claro. Era inevitable que se divirtieran.
4. ¿Estuvieron contentas las chicas?
   Claro. Era inevitable que estuvieran contentas.
5. ¿De veras vinieron tus amigos?
   Claro. Era inevitable que vinieran.
6. ¿Es verdad que huyeron los ladrones?
   Claro. Era inevitable que huyeran.
7. ¿De modo que surgieron dificultades?
   Claro. Era inevitable que surgieran.
8. ¿Y las autoridades no insistieron?
   Claro. Era inevitable que no insistieran.
9. ¿Tuvieron éxito los esperantistas?
   Claro. Era inevitable que lo tuvieran.
10. ¿Hicieron gestos desdeñosos los españoles?
    Claro. Era inevitable que los hicieran.
11. ¿Lo reprodujeron con un sombrero inglés?
    Claro. Era inevitable que lo reprodujeran.
12. ¿Dijeron la verdad los delincuentes?
    Claro. Era inevitable que la dijeran.
13. Y los mozos, ¿trajeron más cerveza?
    Claro. Era inevitable que la trajeran.
14. ¿Fueron amables las autoridades?
    Claro. Era inevitable que lo fueran.

15. ¿Se murieron los suicidas?
    Claro. Era inevitable que se murieran.
16. ¿Les dieron de beber las señoritas danesas?
    Claro. Era inevitable que les dieran de beber.
17. ¿Fueron todos a la casa del polaco?
    Claro. Era inevitable que fueran.
18. ¿Pudieron comprender el cuento en esperanto?
    Claro. Era inevitable que lo pudieran comprender.
19. ¿Y lo creyeron también?
    Claro. Era inevitable que lo creyeran.
20. ¿Y no quisieron pagar la cuenta?
    Claro. Era inevitable que no quisieran pagarla.

Ejercicio B. *Cambie las oraciones según los modelos. Cubra las respuestas:*

MODELOS: Es lástima que sea tan cobarde. (Era lástima)
            Era lástima que fuera tan cobarde.

            Valdrá la pena que digamos la verdad. (Valdría la pena)
            Valdría la pena que dijéramos la verdad.

1. Lo mejor es que se mate uno. (Lo mejor era)
   Lo mejor era que se matara uno.
2. Adán se enoja de que Eva se coma la manzana. (Adán se enojó)
   Adán se enojó de que Eva se comiera la manzana.
3. Es lástima que no tengamos dinero. (Era lástima)
   Era lástima que no tuviéramos dinero.
4. No es cierto que tenga complejo de inferioridad. (No era cierto)
   No era cierto que tuviera complejo de inferioridad.
5. Es dudoso que podamos obtener una buena nota en el examen. (Era dudoso)
   Era dudoso que pudiéramos obtener una buena nota en el examen.
6. Me dará gusto que no lo sepa nadie. (Me daría gusto)
   Me daría gusto que no lo supiera nadie.
7. No es necesario que se muera uno de hambre. (No era necesario)
   No era necesario que se muriera uno de hambre.
8. La Pachacha teme que los gallos la rechacen. (La Pachacha temía)
   La Pachacha temía que los gallos la rechazaran.
9. Es triste que saquemos malas notas. (Era triste)
   Era triste que sacáramos malas notas.
10. No es verdad que tenga mucho dinero en el banco. (No era verdad)
    No era verdad que tuviera mucho dinero en el banco.
11. Deseo que pruebe esa comida japonesa. (Desearía)
    Desearía que probara esa comida japonesa.
12. Le diré que me traiga una comida. (Le diría)
    Le diría que me trajera una comida.

13. Me da pena que le caigan moscas en la cerveza. (Me daría)
    Me daría pena que le cayeran moscas en la cerveza.
14. Es posible que lleguemos tarde a la clase. (Era posible)
    Era posible que llegáramos tarde a la clase.
15. Los alumnos temen que el profesor ponga un examen difícil. (Los alumnos temieron)
    Los alumnos temieron que el profesor pusiera un examen difícil.

Ejercicio C. *Cambie las oraciones para concordar con los sujetos que aparecen en el paréntesis. Cubra las respuestas:*

1. Valía la pena que dijera la verdad. (la Pachacha)
   Valía la pena que la Pachacha dijera la verdad. (los rusos)
   Valía la pena que los rusos dijeran la verdad. (el político)
   Valía la pena que el político dijera la verdad. (tú)
   Valía la pena que dijeras la verdad. (él y yo)
   Valía la pena que dijéramos la verdad. (usted)
   Valía la pena que dijera la verdad. (nosotros)
   Valía la pena que dijéramos la verdad.
2. Era lástima que fuera tan cobarde. (nosotros)
   Era lástima que fuéramos tan cobardes. (tus amigos)
   Era lástima que tus amigos fueran tan cobardes. (usted)
   Era lástima que fuera tan cobarde. (tú y yo)
   Era lástima que fuéramos tan cobardes. (el esperantista)
   Era lástima que el esperantista fuera tan cobarde. (ellas)
   Era lástima que fueran tan cobardes.
3. Lo mejor sería que se callara uno. (la reina Isabel)
   Lo mejor sería que se callara la reina Isabel. (los niños)
   Lo mejor sería que se callaran los niños. (tú y yo)
   Lo mejor sería que nos calláramos. (usted)
   Lo mejor sería que se callara. (los otros)
   Lo mejor sería que se callaran los otros. (el candidato)
   Lo mejor sería que se callara el candidato.
4. El autor no permitió que leyéramos su novela. (tú)
   El autor no permitió que leyeras su novela. (los alemanes)
   El autor no permitió que los alemanes leyeran su novela. (la Pachacha)
   El autor no permitió que la Pachacha leyera su novela. (yo y ella)
   El autor no permitió que leyéramos su novela. (ustedes)
   El autor no permitió que leyeran su novela. (el otro)
   El autor no permitió que el otro leyera su novela.

Ejercicio D. *Cambie las siguientes oraciones siguiendo los modelos:*

MODELOS: ¡Muchachos! ¡Vengan pronto!
   Les dijo a los muchachos que vinieran pronto.

   María, ponte el sombrero.
   Le dijo a María que se pusiera el sombrero.

1. Eva, no te comas la manzana.
   Le dijo a Eva que no se comiera la manzana.
2. ¡Españoles! ¡Defiéndanse contra las salchichas!
   Les dijo a los españoles que se defendieran contra las salchichas.
3. ¡Salchichas! ¡Muerdan a los españoles!
   Les dijo a las salchichas que mordieran a los españoles.
4. ¡Doctores! ¡Maten a las salchichas!
   Les dijo a los doctores que mataran a las salchichas.
5. Niños, coman salchichas y cangrejos.
   Les dijo a los niños que comieran salchichas y cangrejos.
6. ¡Quítate de en medio!
   Le dijo que se quitara de en medio.
7. Pedro, léame la carta.
   Le dijo a Pedro que le leyera la carta.
8. Antonio, va a ver quien llegó.
   Le dijo a Antonio que fuera a ver quien llegó.
9. Amigos, no hagan caso a ese tonto.
   Les dijo a los amigos que no hicieran caso a ese tonto.
10. José, no toque esa mosca.
    Le dijo a José que no tocara esa mosca.
11. Hombre, no digas eso.
    Le dijo al hombre que no dijera eso.

Ejercicio E. *Complete las siguientes oraciones con la forma correcta del subjuntivo o del indicativo. Primero haga el ejercicio oralmente, y si lo desea, hágalo por escrito después. Cubra las respuestas:*

MODELOS: Es cierto que Mr. Harvey *habla* esperanto, pero dudo

　　　　　que Camba lo _____　　　　　　　　　　　hable
　　　　　No es probable que Camba *hable* esperanto, pero es

　　　　　obvio que Mr. Harvey lo _____　　　　　　habla

1. Es evidente que a veces los periódicos *publican* la verdad,

   pero no es cierto que siempre la _____　　　　　publiquen

2. Es curioso que la niebla *produzca* hombres tristes, pero es extraordinario que a veces el trópico también los

   _____　　　　　　　　　　　　　　　　　　　produzca

3. Es difícil que *haya* niebla en Cuba, pero es cierto que en

   Londres la _____　　　　　　　　　　　　　　hay

4. Se propone que *tenga* paz el mundo, pero no estoy convencido de que algún día la _____   tenga

5. Es cierto que los suicidas *son* optimistas, pero es obvio que no todos los hombres lo _____   son

6. Le dolía que su hija no *disfrutara* de las fiestas, pero era evidente que de los libros sí _____   disfrutaba

7. A mi padre le gustó que mi madre me *castigara*, pero le molestó que la maestra me _____   castigara

8. Según Camba, no es raro que los hombres tristes se *opongan* al suicidio, pero duda que los hombres alegres se _____   opongan

9. El profesor me confesó que *iba* de juerga todos los sábados, pero nadie creía que _____   fuera

10. Todo el mundo sabe que en Inglaterra hay Parlamento y se *legisla*, pero nadie cree que en Rusia se _____   legisle

11. Si el diablo propone que se *resucite* a todos los suicidas, no estoy convencido de que Dios los _____   resucite

12. Yo no creo que el suicida inglés *respete* la ley, pero Camba revela en su ensayo que sí la _____   respeta

13. Es inútil que los hombres *eviten* la guerra, pero convengo que algunos países la _____   evitan

14. Camba propone que *maten* al suicida frustrado, pero me parece imposible que lo _____   maten

15. Veo que Míster Harvey *tiene* un taller de óptica en Blackfriars, pero sabemos que Camba no lo _____   tiene

16. La intención es que *hablen* español en la calle también, pero la verdad es que no lo _____   hablan

17. El objeto es que *estudien* esperanto, pero el resultado es que no lo _____   estudian

18. El propósito es que *logren* liberarse de la dominación comunista, pero la realidad es que no lo _____   logran

19. La necesidad es que no *tengan* hambre los pueblos del mundo, pero la probabilidad es que la _____   tengan

20. La propuesta en casa de Mr. Harvey fue que *hable* esperanto todo el mundo, pero veo que casi nadie lo _____   habla

21. El deseo es que la humanidad *escoja* la paz, pero no hay muchas esperanzas de que la _____   escoja

22. Estoy seguro de que el tipo de vida americano *es* una invención admirable, pero algunos no están seguros de que lo _____   sea

23. Estoy deseoso de que la calidad *resulte* más importante que la cantidad, pero no es seguro que así _____   resulte

24. Parece mentira que los chinos esperantistas *coman* moscas, pero a Camba le parece que las _____   comen

25. Se indignaba el español de que *hubiera* una mosca en la cerveza, mientras el chino no se avergonzaba de que la _____   hubiera

26. Propuso Mr. Harvey que Camba *fuera* a su casa, y es obvio

    que Camba _____ fue

27. Es obvio que al francés le *molestaba* la mosca, pero me

    parece que al chino no le _____ molestaba

28. Creo que los españoles *son* orgullosos, pero los españoles no

    creen que los americanos lo _____ sean

29. Es natural que los latinoamericanos *sepan* español, pero a nosotros nos importa más que los americanos lo

    _____ sepan

30. La posibilidad de que *sepan* la verdad es grande, pero

    siempre hay el peligro de que no la _____ sepan

31. No sólo tengo la esperanza de que *conozcan* un poco de español, sino que tengo la evidencia de que lo

    _____ conocen

Ejercicio F. *Cambie las oraciones usando las palabras en los paréntesis. Haga sólo oraciones afirmativas. En este ejercicio use el subjuntivo con los verbos de comunicación. Cubra las respuestas:*

MODELOS: No escucha música clásica. (Hago)
  Hago que escuche música clásica.

  No aclara los límites entre la música clásica y la popular. (Le pedía)
  Le pedía que aclarara los límites entre la música clásica y la popular.

1. No usa un lenguaje sencillo. (Le pediría)
   Le pediría que usara un lenguaje sencillo.
2. No va a los conciertos. (Le decía)
   Le decía que fuera a los conciertos.
3. No va a los conciertos. (Le había aconsejado)
   Le había aconsejado que fuera a los conciertos.
4. No canta canciones folklóricas. (Le diría)
   Le diría que cantara canciones folklóricas.
5. No escucha música clásica. (Le sugería)
   Le sugería que escuchara música clásica.

6. No escucha música clásica. (Le había dicho)
   Le había dicho que escuchara música clásica.
7. No escucha música clásica. (Sugiero)
   Sugiero que escuche música clásica.
8. No canta arias. (Le ordenaría)
   Le ordenaría que cantara arias.
9. No manda a sus hijos a la escuela. (Le aconsejaba)
   Le aconsejaba que mandara a sus hijos a la escuela.
10. No lee libros de texto. (Le indicaría)
    Le indicaría que leyera libros de texto.
11. No estudia danza. (Le pediría)
    Le pediría que estudiara danza.
12. No usa un lenguaje sencillo. (Le diré)
    Le diré que use un lenguaje sencillo.
13. No me presta dinero. (Le decía)
    Le decía que me prestara dinero.
14. No estudia piano. (Le había pedido)
    Le había pedido que estudiara piano.
15. No canta canciones folklóricas. (Le pediré)
    Le pediré que cante canciones folklóricas.
16. No canta en el coro. (Le aconsejaba)
    Le aconsejaba que cantara en el coro.
17. No canta canciones populares. (Le indicaré)
    Le indicaré que cante canciones populares.
18. No canta en el coro. (Le sugerí)
    Le sugerí que cantara en el coro.
19. No estudia danza. (Le habría ordenado)
    Le habría ordenado que estudiara danza.
20. No lee libros de texto. (Le ordenaré)
    Le ordenaré que lea libros de texto.
21. No repite con claridad. (Mandé)
    Mandé que repitiera con claridad.
22. No estudia danza. (Le indicaré)
    Le indicaré que estudie danza.
23. No manda a sus hijos a la escuela. (Le había sugerido)
    Le había sugerido que mandara a sus hijos a la escuela.
24. No acompaña a su novia al cine. (Le había aconsejado)
    Le había aconsejado que acompañara a su novia al cine.
25. No acompaña a su novia al cine. (Dígale)
    Dígale que acompañe a su novia al cine.
26. No repite con claridad. (Mando)
    Mando que repita con claridad.
27. No canta canciones mexicanas. (Pídale)
    Pídale que cante canciones mexicanas.

28. No tiene vacaciones. (Aconsejo)
    Aconsejo que tenga vacaciones.
29. No dice la verdad. (Le habría indicado)
    Le habría indicado que dijera la verdad.
30. No expresa sentimientos sencillos. (Ordené)
    Ordené que expresara sentimientos sencillos.
31. No dice la verdad. (Hago)
    Hago que diga la verdad.
32. No canta tangos. (Hice)
    Hice que cantara tangos.
33. No habla con claridad. (Indíquele)
    Indíquele que hable con claridad.
34. No habla con claridad. (Pido)
    Pido que hable con claridad.
35. No lee libros de texto. (Le habría ordenado)
    Le habría ordenado que leyera libros de texto.
36. No termina el ejercicio. (Le habría aconsejado)
    Le habría aconsejado que terminara el ejercicio.
37. No lee los periódicos. (Aconsejo)
    Aconsejo que lea los periódicos.
38. No lee los periódicos. (Quise)
    Quise que leyera los periódicos.
39. Aplaude a los buenos actores. (Le indiqué)
    Le indiqué que aplaudiera a los buenos actores.
40. No atiende al profesor. (Le habría dicho)
    Le habría dicho que atendiera al profesor.

Ejercicio G. *Lea las dos primeras oraciones. Haga nuevas oraciones según los modelos. Cubra las respuestas:*

MODELOS: Hablan en la clase.
             No lo permito.
             No permito que hablen en la clase.

             Hablaron en la clase.
             No se lo permití.
             No les permití que hablaran en la clase.

             Leyó el artículo de Camba.
             Se lo recomendé.
             Le recomendé que leyera el artículo de Camba.

1. Hacen un buen resumen de la novela.
   Lo prefiero.
   Prefiero que hagan un buen resumen de la novela.

2. Escribió una novela de asunto filosófico.
   Se lo pidieron.
   Le pidieron que escribiera una novela de asunto filosófico.
3. Expresan sus ideas de una manera sencilla.
   Lo desea.
   Desea que expresen sus ideas de una manera sencilla.
4. Hicieron un buen resumen de la novela.
   Se lo recomendé.
   Les recomendé que hicieran un buen resumen de la novela.
5. Vino con sus mentiras.
   No se lo acepté.
   No le acepté que viniera con sus mentiras.
6. Leyó ese libro de economía política.
   Se lo recomendé.
   Le recomendé que leyera ese libro de economía política.
7. Dijo la verdad.
   Se lo supliqué.
   Le supliqué que dijera la verdad.
8. No es un profesor inteligente.
   Lo siento.
   Siento que no sea un profesor inteligente.
9. Brindé por (*I drank to*) la salud del jefe.
   Me lo pidieron.
   Me pidieron que brindara a la salud del jefe.
10. Tratan de sacar buenas notas.
    Lo espero.
    Espero que traten de sacar buenas notas.
11. Reforman las injusticias de este mundo.
    Lo necesitamos.
    Necesitamos que reformen las injusticias de este mundo.
12. Expresa sus sentimientos más hondos.
    No lo espero.
    No espero que exprese sus sentimientos más hondos.
13. Los músicos tienen una preparación técnica severa.
    Lo quiere.
    Quiere que los músicos tengan una preparación técnica severa.
14. Estudié los usos de *ser* y *estar*.
    Me lo aconsejó.
    Me aconsejó que estudiara los usos de *ser* y *estar*.
15. Entregamos el dinero robado.
    Nos lo pidieron.
    Nos pidieron que entregáramos el dinero robado.
16. Voy a su casa durante las vacaciones.
    Me lo manda a decir.
    Me manda a decir que vaya a su casa durante las vacaciones.

17. A usted no le gusta la música clásica.
    Lo lamento.
    Lamento que a usted no le guste la música clásica.
18. No tienen una sólida cultura.
    Lo siento.
    Siento que no tengan una sólida cultura.
19. Le dan un premio.
    Lo merece.
    Merece que le den un premio.
20. Habló en voz alta para que todos lo oyeran.
    Se lo recomendé.
    Le recomendé que hablara en voz alta para que todos lo oyeran.
21. Llegó antes que saliera el avión.
    Se lo supliqué.
    Le supliqué que llegara antes que saliera el avión.
22. Sale mañana para Rusia.
    Lo siento.
    Siento que salga mañana para Rusia.
23. Llevaron flores a la profesora.
    Se lo sugerí.
    Les sugerí que llevaran flores a la profesora.
24. Hace un buen análisis de las oraciones.
    Se lo pido.
    Le pido que haga un buen análisis de las oraciones.

Ejercicio H. *Haga oraciones según los modelos. Cubra las respuestas:*

MODELOS: Castigaron al ladrón. Lo exigí. (¿Qué exigió?)
Exigí que castigaran al ladrón.

Premia al mejor alumno. Se lo pido. (¿Qué le pide?)
Le pido que premie al mejor alumno.

1. Saca conclusiones falsas. Lo lamento. (¿Qué lamenta?)
   Lamento que saque conclusiones falsas.
2. Me dan un premio por haber escrito esa novela. No lo merezco. (¿Qué no merece?)
   No merezco que me den un premio por haber escrito esa novela.
3. Pronuncian las palabras rítmicamente. Se lo sugerí. (¿Qué les sugerió?)
   Les sugerí que pronunciaran las palabras rítmicamente.
4. Asistirán a la universidad más costosa. Lo prefiero. (¿Qué prefiere?)
   Prefiero que asistan a la universidad más costosa.
5. Escucha los consejos del profesor. Se lo sugerí. (¿Qué le sugirió?)
   Le sugerí que escuchara los consejos del profesor.
6. Aprende canciones populares en español. Lo espero. (¿Qué espera?)
   Espero que aprenda canciones populares en español.
7. Levantó una choza. Se lo recomendé. (¿Qué le recomendó?)
   Le recomendé que levantara una choza.

8. Murió de cáncer. Lo lamenté. (¿Qué lamentó?)
   Lamenté que muriera de cáncer.
9. Entrega su alma al diablo. Lo siento. (¿Qué siente?)
   Siento que entregue su alma al diablo.
10. Vamos al más elegante de los hoteles. Lo prefiero. (¿Qué prefiere?)
    Prefiero que vayamos al más elegante de los hoteles.
11. Castigarán al ladrón. Lo quiero. (¿Qué quiere?)
    Quiero que castiguen al ladrón.
12. Toca el tambor. Se lo aconsejo. (¿Qué le aconseja?)
    Le aconsejo que toque el tambor.
13. Cavan la tierra de mi jardín. Lo necesito. (¿Qué necesita?)
    Necesito que caven la tierra de mi jardín.
14. Toca el tambor en la clase de español. No voy a permitírselo. (¿Qué no le va a permitir?)
    No le voy a permitir que toque el tambor en la clase de español.
15. La música tiene un origen filosófico. No lo creo. (¿Qué no cree?)
    No creo que la música tenga un origen filosófico.
16. Remó hasta la otra orilla. Se lo rogué. (¿Qué le rogó?)
    Le rogué que remara hasta la otra orilla.
17. Cuentan del uno al diez. Se lo exigí. (¿Qué les exigió?)
    Les exigí que contaran del uno al diez.
18. Mejoran los medios de comunicación. Lo quiero. (¿Qué quiere?)
    Quiero que mejoren los medios de comunicación.
19. Se acordarán de los cantos marciales. Lo lamento. (¿Qué lamenta?)
    Lamento que se acuerden de los cantos marciales.
20. Hablan en español con sus amigos mexicanos. Se lo digo. (¿Qué les dice?)
    Les digo que hablen en español con sus amigos mexicanos.

Ejercicio I. *Lea las dos primeras líneas. Conteste las preguntas siguiendo los modelos. Cubra las respuestas:*

MODELOS: — Contestó las preguntas siguiendo las indicaciones.
   — ¿Es lo que esperabas?
   — Sí, esperaba que contestara las preguntas siguiendo las indicaciones.

   — Asiste a clases todos los días.
   — ¿Es lo que le aconsejas?
   — Sí, le aconsejo que asista a clases todos los días.

1. — Me invitan a la fiesta.
   — ¿Es lo que deseas?
   — Sí, deseo que me inviten a la fiesta.
2. — Nos pagan las entradas.
   — ¿Es lo que ustedes esperaban?
   — Sí, esperábamos que nos pagaran las entradas.
3. — Pronuncian las palabras correctamente.

- ¿Es lo que exiges?
- Sí, exijo que pronuncien las palabras correctamente.
4. - Se negaron a pagar la cuenta.
- ¿Es lo que esperabas?
- Sí, esperaba que se negaran a pagar la cuenta.
5. - Le regalaron un caballo de palo.
- ¿Es lo que deseabas?
- Sí, deseaba que le regalaran un caballo de palo.
6. - Le entregaron un cheque de mil pesos.
- ¿Es lo que dijeron?
- Sí, dijeron que le habían entregado un cheque de mil pesos.
7. - Los sacaron del país.
- ¿Es lo que recomendaron?
- Sí, recomendaron que los sacaran del país.
8. - Me dieron el primer premio.
- ¿Es lo que merecías?
- Sí, merecía que me dieran el primer premio.
9. - Los mataron como a unos perros.
- ¿Es lo que merecían?
- Sí, merecían que los mataran como a unos perros.
10. - Me trajeron un regalo.
- ¿Es lo que pediste?
- Sí, pedí que me trajeran un regalo.
11. - Se va de vacaciones a Dinamarca.
- ¿Es lo que quieres?
- Sí, quiero que se vaya de vacaciones a Dinamarca.
12. - Estudiaba arquitectura.
- ¿Es lo que le recomendaste?
- Sí, le recomendé que estudiara arquitectura.
13. - Asistió a la conferencia de pintura.
- ¿Es lo que le aconsejaste?
- Sí, le aconsejé que asistiera a la conferencia de pintura.
14. - Perdonaron al criminal.
- ¿Es que les rogaste?
- Sí, les rogué que perdonaran al criminal.
15. - Repitió las preguntas.
- ¿Es lo que le ordenaste?
- Sí, le ordené que repitiera las preguntas.

17

17·6 Ejercicio A. *Cambie las oraciones según los modelos. Cubra las respuestas:*

MODELOS: Los soldados caminaron horas y horas bajo la lluvia.
Los soldados marcharon horas y horas bajo la lluvia.

Se fueron de Acapulco contentos y felices.
Se marcharon de Acapulco contentos y felices.

Empezó a dormir, pero el sonido del trueno lo despertó.
Se durmió, pero el sonido del trueno lo despertó.

El niño estaba dormido como un angelito.
El niño dormía como un angelito.

1. El perro estuvo dormido en el patio por varias horas.
   El perro durmió en el patio por varias horas.
2. Como la conferencia era aburrida, el señor que estaba a mi derecha también empezó a dormir.
   Como la conferencia era aburrida, el señor que estaba a mi derecha también se durmió.
3. Muchas personas se fueron bajo la lluvia.
   Muchas personas se marcharon bajo la lluvia.
4. Cuando en el congreso de ingenieros empezaron a discutir problemas técnicos, me puse a dormir.
   Cuando en el congreso de ingenieros empezaron a discutir problemas técnicos, me dormí.
5. Yo no recuerdo como funcionaba el congreso, si bien o mal.
   Yo no recuerdo como marchaba el congreso, si bien o mal.
6. Aunque sí recuerdo que la gente se iba del salón, unas veces aburrida y otras disgustada.
   Aunque sí recuerdo que la gente se marchaba del salón, unas veces aburrida y otras disgustada.
7. Como estaba dormido en una silla, me levanté con dolores por todo el cuerpo.
   Como dormía en una silla, me levanté con dolores por todo el cuerpo.
8. Los soldados caminaban rápidamente por las aceras, las calles y las plazas.
   Los soldados marchaban rápidamente por las aceras, las calles y las plazas.
9. Colón se fue para Portugal.
   Colón se marchó para Portugal.

10. ¿Cómo funcionan los asuntos de negocio?
    ¿Cómo marchan los asuntos de negocio?
11. La política internacional no funciona muy bien.
    La política internacional no marcha muy bien.
12. En aquella cama tan dura me costaba trabajo ponerme a dormir.
    En aquella cama tan dura me costaba trabajo dormirme.
13. Como las horas pasaban lentamente todos miraban el reloj para ver si funcionaba bien.
    Como las horas pasaban lentamente todos miraban el reloj para ver si marchaba bien.
14. Si me voy a Inglaterra la niebla no me dejará ver a las muchachas bonitas.
    Si me marcho a Inglaterra la niebla no me dejará ver a las muchachas bonitas.
15. Miré alrededor y noté que la señora que estaba a mi derecha estaba durmiendo profundamente.
    Miré alrededor y noté que la señora que estaba a mi derecha dormía profundamente.
16. Todos querían irse a sus casas.
    Todos querían marcharse a sus casas.

Ejercicio B. *Complete las siguientes oraciones con el presente de indicativo del verbo* **reír**:

1. Todos _____ de la cabeza grande y redonda de Lola Paloviejo. 1. se ríen

2. Panchín Tortuga _____ cada vez que tiene la oportunidad. 2. (se) ríe

3. Pero, ¿de quién _____ ustedes? 3. se ríen

4. Nosotros _____ de la nariz tan grande que tiene ese hombre. 4. nos reímos

5. Muchas veces yo _____ por no llorar. 5. (me) río

6. _____, hija, _____, si eso te hace feliz. 6. ríe(te), ríe(te)

7. Su risa no es normal. _____ como una loca. 7. (se) ríe

8. Mientras comemos las tortilla, todos _____ de los chistes de Panchín. 8. nos reímos

9. Juan, nunca _____ con la boca llena.   9. (te) rías

10. El doctor Paloviejo _____ de la opinión de los   10. se ríe

    demás.

11. Es una clase de hombre que _____ de la autoridad.   11. se ríe

12. Yo _____ de la gente que se cree muy importante.   12. me río

13. ¿Es verdad que ese mal hombre _____ de su   13. se ríe

    suegra?

14. Es de esa clase de personas que cuando _____ lo   14. (se) ríe

    hace con ganas.

15. Cada vez que empieza a cantar, el público _____   15. se ríe

    de ella.

Ejercicio C. *Complete con la forma correcta del verbo en paréntesis, reflexiva o no reflexiva. Use el tiempo pasado. Cubra las respuestas:*

MODELOS: El recién nacido (parecer) _____ mucho a su papá.

El recién nacido se parecía mucho a su papá.

Al doctor Candelario Pomarrosa y de la Sagra no le gustaba que los chicos (reír) _____ él.

Al doctor Candelario Pomarrosa y de la Sagra no le gustaba que los chicos se rieran de él.

El flautista (marchar) _____ por el camino tocando su flauta.

El flautista marchaba por el camino tocando su flauta.

1. El forastero llegó a las ruinas y (dormir) _____ en seguida.

El forastero llegó a las ruinas y se durmió en seguida.

2. No había remedio. Mi máquina de escribir no (marchar) _____ y tuve que escribir el trabajo a mano.

   No había remedio. Mi máquina de escribir no marchaba y tuve que escribir el trabajo a mano.

3. Cuando los estudiantes oyeron que al profesor se le había olvidado la prueba prometida, todos (reír) _____ a carajadas.

   Cuando los estudiantes oyeron que al profesor se le había olvidado la prueba prometida, todos (se) rieron a carcajadas.

4. Después de varias semanas en Madrid, don Ángel (marchar) _____ a Galicia.

   Después de varias semanas en Madrid, don Ángel se marchó a Galicia.

5. La cara de Ireneo Funes (parecer) _____ más vieja que Egipto.

   La cara de Ireneo Funes parecía más vieja que Egipto.

6. Noche tras noche soñaba con su hijo, pero éste (dormir) _____ en el sueño y no había manera de hacerle abrir los ojos.

   Noche tras noche soñaba con su hijo, pero éste dormía en el sueño y no había manera de hacerle abrir los ojos.

7. Cuando los remeros vieron que el joven (marchar) _____ por el fuego, no se atrevieron a (reír) _____ de él.

   Cuando los remeros vieron que el joven marchaba por el fuego, no se atrevieron a reírse de él.

8. Ni siquiera en el habla (parecer) _____ los dos hermanos uno al otro.

   Ni siquiera en el habla se parecían los dos hermanos uno al otro.

9. Si tú no (dormir) _____ hasta las diez de la mañana, ya habrías acabado tu trabajo.

   Si tú no hubieras dormido hasta las diez de la mañana, ya habrías acabado tu trabajo.

10. Cuando entramos, ¿adónde (marchar) _____ el forastero con tanta prisa?

    Cuando entramos, ¿adónde se marchaba el forastero con tanta prisa?

11. Cuando el niño despertó de su pesadilla y vio allí a sus padres, comenzó a (reír) _____ y a llorar a la vez.

    Cuando el niño despertó de su pesadilla y vio allí a sus padres, comenzó a reír(se) y a llorar a la vez.

12. Con las patas tan cortas, aquella gallina casi (parecer) _____ un pato en su modo de andar.

    Con las patas tan cortas, aquella gallina casi parecía un pato en su modo de andar.

13. Después de pasado el susto, podíamos (reír) _____ de lo acontecido.

    Después de pasado el susto, podíamos reírnos de lo acontecido.

14. Creí haber sacado unas fotos magníficas, pero resultó que no (marchar) _____ la cámara.

    Creí haber sacado unas fotos magníficas, pero resultó que no marchaba la cámara.

15. Cada una de las ocho hijas (parecer) _____ la mamá.

    Cada una de las ocho hijas se parecía a la mamá.

16. Cuando vieron al vagabundo en la calle, al principio (parecer) _____ que (dormir) _____.

Cuando vieron al vagabundo en la calle, al principio parecía que dormía.

17. Al verlo acostado allí, los vecinos madrugadores comenzaron a (reír) _____ de su cama original, pero cuando se dieron cuenta de que estaba muerto dejaron de (reír) _____ en el acto.

Al verlo acostado allí, los vecinos madrugadores comenzaron a reírse de su cama original, pero cuando se dieron cuenta de que estaba muerto dejaron de reír(se) en el acto.

18. El hombre (marchar) _____ por las ruinas del templo buscando la efigie de Fuego.

El hombre marchaba por las ruinas del templo buscando la efigie de Fuego.

19. Para Unamuno, los llanos de Castilla (parecer) _____ un mar en tierra.

Para Unamuno, los llanos de Castilla parecían un mar en tierra.

20. Aunque fuera por mi salud, Raúl se enojaba cada vez que yo quería (marchar) _____ por unos días.

Aunque fuera por mi salud, Raúl se enojaba cada vez que yo quería marcharme por unos días.

17·7 *Complete con la forma adecuada del presente de* **ir**, **irse** *o* **salir**. *En algunos casos el contexto admite* **ir** *o* **irse**. *Cubra las respuestas:*

1. Todas las tardes el tren _____ a las tres.   1. sale

2. Me digo: el tren _____ para la capital y yo no _____ en él.
   2. se va, (me) voy

3. Cuando estoy triste, _____ a mi cuarto y me pongo a pensar horas y horas.
   3. (me) voy

4. Desde las ventanas, veo como las avecillas _____ saltando por el jardín.
   4. van

5. Miro al cielo y me pregunto: ¿A qué hora _____ las estrellas?
   5. salen

6. En el invierno veo pasar las golondrinas, que _____ para no volver.
   6. se van

7. Si alguien muere, _____ y no regresa.
   7. se va

8. Todas las tardes mi abuelo, que es muy viejo, _____ hasta el palomar caminando muy despacio.
   8. va

9. Por el aire, los aviones _____ a la velocidad del relámpago.
   9. van

10. Mi madre abre la puerta, _____ y la cierra.
    10. sale

11. Mi madre abre la puerta, sale, la cierra y _____ .
    11. se va

12. La juventud _____ y _____ tan rápida como el viento.
    12. se va, se va

13. Pero, ¿adónde _____ esos minutos felices que se nos escapan de las manos?
    13. (se) van

14. Amanece. Ya _____ el sol.
    14. sale

15. Como tiene esa salud tan pobre y se siente tan mal, casi nunca _____.   15. sale

16. ¿ _____ con tu novia todas las noches?   16. sales

17. Para que el niño no regrese solo a su casa, lo espera todas las tardes frente a la puerta de la escuela. Él _____ a las tres menos cuarto.   17. sale

18. ¿Por qué no _____ ustedes a la universidad durante las vacaciones?   18. van

19. Si ustedes _____ a vivir a Alaska, es mejor que lleven unos abrigos.   19. se van

20. El perrito _____ de la casa, da unas carreritas, y después regresa feliz y contento.   20. sale

21. Creía que se separaba de mí por sólo unos días; ahora comprendo que _____ para no volver.   21. se va

22. Llamaron a una muchacha para que cuidara a los niños. Eso quiere decir que _____ esta noche.   22. salen

23. Todas las noches veo la televisión. Por eso _____ poco por la noche.   23. salgo

24. Los niños _____ del aula en fila, pero en el patio cada cual toma un rumbo diferente.   24. salen

25. ¿ _____ los niños del aula en fila de a uno o en fila de a dos?   25. salen

26. Del aula ellos _____ en fila de a dos, pero después   26. salen

    _____ corriendo por ahí.   se van

27. Todo el día, mi perro entra y _____ de la casa   27. sale

    cada cinco minutos.

17.8 Cambie las siguientes oraciones haciendo las sustituciones indicadas. Cubra las respuestas:

1. Se le cayeron las copas de la bandeja. (las tuyas)
   Las tuyas se te cayeron de la bandeja. (las de la señora de Hontanar)
   Las de las señora de Hontanar se le cayeron de la bandeja. (las de Rosa)
   Las de Rosa se le cayeron de la bandeja. (las nuestras)
   Las nuestras se nos cayeron de la bandeja. (las mías)
   Las mías se me cayeron de la bandeja. (las de ustedes)
   Las de ustedes se les cayeron de la bandeja. (las de Adolfo Cano)
   Las de Adolfo Cano se le cayeron de la bandeja. (las suyas)
   Las suyas se le cayeron de la bandeja. (las de las vecinas)
   Las de las vecinas se les cayeron de la bandeja. (las de Concha)
   Las de Concha se le cayeron de la bandeja.
2. A Pepe Botella se le ocurrió cómo vivir sin trabajar. (al político)
   Al político se le ocurrió cómo vivir sin trabajar. (al comunista)
   Al comunista se le ocurrió cómo vivir sin trabajar. (a mí)
   A mí se me ocurrió cómo vivir sin trabajar. (a los millonarios)
   A los millonarios se los ocurrió cómo vivir sin trabajar. (a nosotros)
   A nosotros se nos ocurrió cómo vivir sin trabajar. (a los estudiantes)
   A los estudiantes se les ocurrió cómo vivir sin trabajar. (a usted)
   A usted se le ocurrió cómo vivir sin trabajar. (a María Antonieta)
   A María Antonieta se le ocurrió cómo vivir sin trabajar. (a los borrachos)
   A los borrachos se les ocurrió cómo vivir sin trabajar. (al ladrón)
   Al ladrón se le ocurrió cómo vivir sin trabajar. (a mí nunca)
   A mí nunca se me ocurrió cómo vivir sin trabajar.
3. Perdieron la maleta porque se les olvidó en el aeropuerto. (perdiste)
   Perdiste la maleta porque se te olvidó en el aeropuerto. (perdimos)
   Perdimos la maleta porque se nos olvidó en el aeropuerto. (perdí)
   Perdí la maleta porque se me olvidó en el aeropuerto. (perdió)
   Perdió la maleta porque se le olvidó en el aeropuerto.
4. No regresé porque me quedé sin dinero. (regresaron)
   No regresaron porque se quedaron sin dinero. (regresaste)
   No regresaste porque te quedaste sin dinero. (regresamos)
   No regresamos porque nos quedamos sin dinero. (regresé)

          No regresé porque me quedé sin dinero. (regresó)
          No regresó porque se quedó sin dinero.
 5. Al turista se le rompieron los pantalones. (los discos)
    Al turista se le rompieron los discos. (a los polacos)
    A los polacos se les rompieron los discos. (lentes)
    A los polacos se les rompieron los lentes. (las botellas)
    A los polacos se les rompieron las botellas. (quedaron)
    A los polacos se les quedaron las botellas. (los documentos)
    A los polacos se les quedaron los documentos. (a mí)
    A mí se me quedaron los documentos. (olvidaron)
    A mí se me olvidaron los documentos. (una cosa)
    A mí se me olvidó una cosa. (a los niños)
    A los niños se les olvidó una cosa.

EJERCICIO DE REPASO: EL IMPERFECTO DE SUBJUNTIVO

*Una persona dice algo. Otra persona no lo oye bien y pregunta, — ¿**Qué dijo?** — Usted se lo repite en estilo indirecto. Cubra las respuestas:*

MODELOS: — Dilo bien.
           — ¿Qué dijo?
           — Le dijo que lo dijera bien.

           — Es verdad.
           — ¿Qué dijo?
           — Le dijo que era verdad.

           — Pronuncia claro.
           — ¿Qué dijo?
           — Le dijo que pronunciara claro.

 1. — Domina esa enfermedad.
    — ¿Qué dijo?
    — Le dijo que dominara esa enfermedad.
 2. — Olvídala.
    — ¿Qué dijo?
    — Le dijo que la olvidara.
 3. — Es inevitable.
    — ¿Qué dijo?
    — Le dijo que era inevitable.
 4. — Tómate esto.
    — ¿Qué dijo?
    — Le dijo que se tomara esto.
 5. — Guárdala.
    — ¿Qué dijo?
    — Le dijo que la guardara.

6. — Va a llover.
   — ¿Qué dijo?
   — Le dijo que iba a llover.
7. — Cómprate una.
   — ¿Qué dijo?
   — Le dijo que se comprara una.
8. — Busca tú otra.
   — ¿Qué dijo?
   — Le dijo que buscara otra.
9. — Eres responsable.
   — ¿Qué dijo?
   — Le dijo que era responsable.
10. — No vayas.
    — ¿Qué dijo?
    — Le dijo que no fuera.
11. — Ríndete.
    — ¿Qué dijo?
    — Le dijo que se rindiera.
12. — Ahora a sentarse.
    — ¿Qué dijo?
    — Le dijo que se sentara.
13. — Cuídate de tomar una decisión.
    — ¿Qué dijo?
    — Le dijo que se cuidara de tomar una decisión.
14. — Ya empieza la ceremonia.
    — ¿Qué dijo?
    — Le dijo que ya empezaba la ceremonia.
15. — No seas testarudo.
    — ¿Qué dijo?
    — Le dijo que no fuera testarudo.
16. — Vete a jugar.
    — ¿Qué dijo?
    — Le dijo que se fuera a jugar.

20

20.5 Reemplace las palabras en bastardillas con **por** o **para**. Cubra las respuestas:

MODELOS: El avión salió *en dirección a* México.
El avión salió para México.

Con respecto a mí, el asunto no tiene importancia.
Para mí, el asunto no tiene importancia.

1. Salió de la clase *a fin de* pegarle a Tom.
   Salió de la clase para pegarle a Tom.
2. He trabajado mucho *a fin de* darles una buena educación a mis hijos, pero ha sido imposible.
   He trabajado mucho por (para) darles una buena educación a mis hijos, pero ha sido imposible.
3. *Con respecto a* esos problemas, no hay solución posible.
   Para esos problemas, no hay solución posible.
4. ¿Era posible que el presidente se interesara *en beneficio* de aquel criminal?
   ¿Era posible que el presidente se interesara por aquel criminal?
5. Mi madre ahorraba dinero *a fin de* pagar mis estudios.
   Mi madre ahorraba dinero para pagar mis estudios.
6. *Con respecto a* mí, era difícil mantener la serenidad.
   Para mí, era difícil mantener la serenidad.
7. *Si se quiere* triunfar en la vida, hay que hacer algunos esfuerzos.
   Para triunfar en la vida, hay que hacer algunos esfuerzos.
8. Luchan *a fin de* curar el cáncer, pero aún no han logrado la victoria.
   Luchan por curar el cáncer, pero aún no han logrado la victoria.
9. Tomaba las medicinas que me indicó el médico *a fin de* curarme pronto.
   Tomaba las medicinas que me indicó el médico para curarme pronto.
10. Interviene *en beneficio de* los prisioneros de guerra.
    Interviene por los prisioneros de guerra.
11. Los vecinos se pusieron en marcha *en dirección a* Eagle Pass.
    Los vecinos se pusieron en marcha para Eagle Pass.
12. Se escaparon a los Estados Unidos *a fin de* vivir en paz.
    Se escaparon a los Estados Unidos para vivir en paz.
13. Nos trasladamos *en dirección a* la capital.
    Nos trasladamos para la capital.

14. Asiste a la universidad *a fin de* adquirir una buena educación.
    Asiste a la universidad para adquirir una buena educación.
15. ¿Podemos decir algo *en beneficio de* los culpables de tantas muertes?
    ¿Podemos decir algo por los culpables de tantas muertes?
16. Hay hombres que sólo quieren el triunfo *a fin de* ensañarse con los vencidos.
    Hay hombres que sólo quieren el triunfo para ensañarse con los vencidos.
17. *Si se quiere* tener la conciencia tranquila, debemos evitar hacerles mal a los demás.
    Para tener la conciencia tranquila, debemos evitar hacerles mal a los demás.
18. Por otra parte, *con respecto a* los prisioneros de guerra, no había perdón posible.
    Por otra parte, para los prisioneros de guerra no había perdón posible.
19. A veces me pregunto qué puedo hacer *en beneficio de* la humanidad.
    A veces me pregunto qué puedo hacer por la humanidad.
20. Hay que sacrificarse *si se quiere* ganar esta batalla en favor de la democracia.
    Hay que sacrificarse para ganar esta batalla en favor de la democracia.
21. *Con respecto a* los pobres, ser millonario es una ilusión imposible.
    Para los pobres, ser millonario es una ilusión imposible.
22. *Si se quiere* vivir en paz, debemos evitar la guerra.
    Para vivir en paz, debemos evitar la guerra.
23. El honor de la palabra empeñada era, *con respecto a* mi madre, lo principal.
    El honor de la palabra empeñada era, para mi madre, lo principal.
24. Los mexicanos cruzaron en balsa *a través d*el río.
    Los mexicanos cruzaron en balsa por el río.
25. Fusilaron a los soldados *a causa de* no haber seguido las órdenes.
    Fusilaron a los soldados por no haber seguido las órdenes.
26. Es posible que empiece a trabajar en el almacén *antes de* la semana que viene.
    Es posible que empiece a trabajar en el almacén para la semana que viene.
27. Creo que el nuevo edificio de la biblioteca se terminará *antes de* septiembre.
    Creo que el nuevo edificio de la biblioteca se terminará para septiembre.
28. Los peatones cruzaron *a través d*el puente que había sido inaugurado.
    Los peatones cruzaron por el puente que había sido inaugurado.
29. *A causa de* tener dinero, todo el mundo le pide.
    Por tener dinero, todo el mundo le pide.
30. Científicos japoneses realizaron un viaje importantísimo *a través de* la selva.
    Científicos japoneses realizaron un viaje importantísimo por la selva.
31. Los carruajes pasaron *a través de* la ciudad desierta.
    Los carruajes pasaron por la ciudad desierta.
32. No pudieron terminar el libro *antes de* la fecha prometida.
    No pudieron terminar el libro para la fecha prometida.
33. *A causa de* ser Pepe un alumno poco inteligente, el profesor tiene palabras de desdén.
    Por ser Pepe un alumno poco inteligente, el profesor tiene palabras de desdén.
34. Un desfile de hombres a caballo pasa *a lo largo de* las calles de Oklahoma City.
    Un desfile de hombres a caballo pasa por las calles de Oklahoma City.
35. Tuvo que huir del país *a causa de* sus ideas políticas.
    Tuvo que huir del país por sus ideas políticas.

36. La madre mira a los niños *a través de* la ventana.
    La madre mira a los niños por la ventana.
37. Precisamente, ha sido una mujer infeliz *a causa de* su belleza.
    Precisamente, ha sido una mujer infeliz por su belleza.
38. La imagen de la Virgen de Guadalupe es llevada *a lo large de* las calles del pueblo.
    La imagen de la Virgen de Guadalupe es llevada por las calles del pueblo.
39. *Antes de* las dos regresará la chalana.
    Para las dos regresará la chalana.
40. El famoso científico dio un viaje *a través de* África.
    El famoso científico dio un viaje por África.
41. No pudo trabajar el lunes *a causa de* haber bebido mucho el domingo.
    No pudo trabajar el lunes por haber bebido mucho el domingo.
42. *A lo largo d*el camino se alejan los carruajes.
    Por el camino se alejan los carruajes.
43. El mundo tendrá un mal fin *a causa de* las ambiciones de los hombres.
    El mundo tendrá un mal fin por las ambiciones de los hombres.
44. El coche iba *rumbo a* la capital.
    El coche iba para la capital.
45. *Antes de*l amanecer se congregarán los habitantes de las dos ciudades a la orilla del río.
    Para el amanecer se congregarán los habitantes de las dos ciudades a la orilla del río.
46. Camina tan despacio *a causa de* haber perdido una pierna en la guerra.
    Camina tan despacio por haber perdido una pierna en la guerra.
47. Debemos tener piedad *hacia* el vencido.
    Debemos tener piedad para el vencido.
48. La llegada de los pasajeros será *a través de* la puerta número ocho.
    La llegada de los pasajeros será por la puerta número ocho.
49. Se trasladó a la capital *con el propósito de* estudiar leyes.
    Se trasladó a la capital para estudiar leyes.
50. *En la opinión de* mi padre, las casas con muchas escaleras no son cómodas.
    Para mi padre, las casas con muchas escaleras no son cómodas.
51. *Antes de* las cuatro el presidente de Francia habrá llegado a Washington.
    Para las cuatro el presidente de Francia habrá llegado a Washington.
52. *A través de* las ventanillas del tren ya se veían las luces de la ciudad.
    Por las ventanillas del tren ya se veían las luces de la ciudad.
53. *En la opinión de* la profesora yo no era ningún bárbaro.
    Para la profesora yo no era ningún bárbaro.
54. ¿Es posible sentirse enfermo *a causa d*el calor?
    ¿Es posible sentirse enfermo por el calor?
55. Me dio una navaja *con el propósito de* meterle miedo al gringo.
    Me dio una navaja para meterle miedo al gringo.
56. Se sentía mal *a causa de* sus crueles palabras.
    Se sentía mal por sus crueles palabras.
57. No todos los gobiernos del mundo están *en favor de* la paz.
    No todos los gobiernos del mundo están por la paz.

58. Escuchaba *a través de* la pared lo que pasaba en el cuarto vecino.
    Escuchaba por la pared lo que pasaba en el cuarto vecino.
59. *En la opinión de* algunos, todos los hombres no son iguales.
    Para algunos, todos los hombres no son iguales.
60. Dijo esas palabras *con el propósito de* insultarme.
    Dijo esas palabras para insultarme.
61. Para llegar al nuevo centro comercial debemos pasar *a través de* la ciudad.
    Para llegar al nuevo centro comercial debemos pasar por la ciudad.
62. *A causa de* los guardas no fue posible pasar el contrabando.
    Por los guardas no fue posible pasar el contrabando.
63. *A través de*l cristal de la puerta pude distinguir una sombra imprecisa.
    Por el cristal de la puerta pude distinguir una sombra imprecisa.
64. Siempre que terminaba su trabajo salía *rumbo a* su casa.
    Siempre que terminaba su trabajo salía para su casa.
65. *En la opinión de* mi padre no éramos inferiores a los yanquis.
    Para mi padre no éramos inferiores a los yanquis.
66. Me daban ración doble *con el propósito de* mejorar mi salud.
    Me daban ración doble para mejorar mi salud.
67. No pudo pasar el puente *a causa de* no tener moneda.
    No pudo pasar el puente por no tener moneda.
68. *A cambio de* obtener unas pocas mejoras económicas, perdieron sus libertades políticas.
    Por obtener unas pocas mejoras económicas, perdieron sus libertades políticas.
69. No todos los senadores están *en favor de* esas reformas sociales.
    No todos los senadores están por esas reformas sociales.
70. Regresó a su casa *a fin de* pasar las Navidades con su familia.
    Regresó a su casa para pasar las Navidades con su familia.
71. A cambio de dinero, Judas vendió a Cristo.
    Por dinero, Judas vendió a Cristo.
72. Allí viene el gato *buscando* su leche.
    Allí viene el gato por su leche.
73. *A cambio de* obtener una buena posición social daría todo lo que tiene.
    Por obtener una buena posición social daría todo lo que tiene.
74. Las fuerzas rebeldes salieron *hacia* la frontera.
    Las fuerzas rebeldes salieron para la frontera.
75. Regresó a su pueblo *a fin de* pasar las vacaciones.
    Regresó a su pueblo para pasar las vacaciones.
76. En busca de mejores medios de vida, los campesinos se marchaban *hacia* la ciudad.
    En busca de mejores medios de vida, los campesinos se marchaban para la ciudad.
77. Visitó Sevilla *a fin de* asistir a una corrida de toros.
    Visitó Sevilla para asistir a una corrida de toros.
78. Lucharán *a fin de* lograr que se firme el tratado de paz, pero será inútil.
    Lucharán por lograr que se firme el tratado de paz, pero será inútil.

79. Estoy *en favor de* más trabajos de clase y menos exámenes.
    Estoy por más trabajos de clase y menos exámenes.
80. *Si quieren* lograr la independencia, tendrán que sacrificar algunas vidas.
    Para lograr la independencia, tendrán que sacrificar algunas vidas.
81. Le di con un palo en la cabeza *a fin de* defenderme.
    Le di con un palo en la cabeza para defenderme.
82. El que no puede vivir sin fumar lo da todo *a cambio de* un cigarrillo.
    El que no puede vivir sin fumar lo da todo por un cigarrillo.
83. El carruaje se movía lentamente *a causa de* llevar tantos bultos.
    El carruaje se movía lentamente por llevar tantos bultos.
84. *Considerando que es* china, habla bien el inglés.
    Para china, habla bien el inglés.
85. El policía iba *hacia* la comisaría.
    El policía iba para la comisaría.
86. Tiene una salud magnífica, *teniendo en cuenta* su edad avanzada.
    Tiene una salud magnífica, para su edad avanzada.
87. Se tenían odio *a causa de* los recuerdos del cuarenta y siete.
    Se tenían odio por los recuerdos del cuarenta y siete.
88. Muchos países están *en favor de* la democracia.
    Muchos países están por la democracia.
89. Te doy cinco pesos *a cambio de* esos sellos.
    Te doy cinco pesos por esos sellos.
90. Iba a la biblioteca todos los días *a fin de* sacar más libros.
    Iba a la biblioteca todos los días para sacar más libros.
91. *A causa de* aquel rencor, los vecinos de ambas ciudades no podían tenerse simpatía.
    Por aquel rencor, los vecinos de ambas ciudades no podían tenerse simpatía.
92. Me escondí detrás del muro *a fin de* defenderme de los tiros.
    Me escondí detrás del muro para defenderme de los tiros.
93. Discutimos *a causa de* sus ideas políticas.
    Discutimos por sus ideas políticas.
94. ¿Qué puedo hacer *en beneficio de* los pobres?
    ¿Qué puedo hacer por los pobres?
95. Pienso ir a Sevilla *a fin de pasar* la semana santa.
    Pienso ir a Sevilla para la semana santa.
96. Me voy a México *para estar* todo el verano.
    Me voy a México por todo el verano.